natürlich oekom!

Mit diesem Buch halten Sie ein echtes Stück Nachhaltigkeit in den Händen. Durch Ihren Kauf unterstützen Sie eine Produktion mit hohen ökologischen Ansprüchen:

- 100 % Recyclingpapier
- mineralölfreie Druckfarben
- Verzicht auf Plastikfolie
- Kompensation aller CO_2-Emissionen
- kurze Transportwege – in Deutschland gedruckt

Weitere Informationen unter www.natürlich-oekom.de
und #natürlichoekom

Klimaneutral
Verlag
ClimatePartner.com/53585-1805-1001

Bibliografische Information der Deutschen Nationalbibliothek:
Die Deutsche Nationalbibliothek verzeichnet diese Publikation
in der Deutschen Nationalbibliografie; detaillierte bibliografische
Daten sind im Internet über www.dnb.de abrufbar.

© 2021 oekom verlag, München
oekom – Gesellschaft für ökologische Kommunikation mbH
Waltherstraße 29, 80337 München

Lektorat: Lena Denu
Korrektorat: Maike Specht
Layout, Satz und Illustration: BUCH & DESIGN Vanessa Weuffel
Umschlaggestaltung: BUCH & DESIGN Vanessa Weuffel, unter
Verwendung von Motiven von Julia-Maria Blesin und AdobeStock
Druck: Friedrich Pustet GmbH & Co. KG, Regensburg

RECYCLED
Papier aus
Recyclingmaterial
FSC® C014889

JULIA-MARIA BLESIN

Green
TRAVELLING

Einfach nachhaltig reisen

Inhalt

  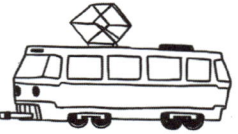

Nachhaltig Reisen –

ist das überhaupt möglich?

Ja, ist es! Nachhaltiger zu leben und zu konsumieren – und dazu gehört auch das Reisen – erscheint bisweilen wie eine dröge Auflistung von Verboten und Verzichtsübungen. Dabei hält die Reise ohne die Emissionsschleuder Flugzeug für die, die sie wagen, so viel mehr Möglichkeiten, mehr Abenteuer, mehr Erlebnisse bereit. Einfach ist das nachhaltigere Reisen außerdem: Wer näher reist und länger verweilt, ist schon die ersten Schritte gegangen.

UMWELT- UND KLIMAAUSWIRKUNGEN

2019 nahmen sich 56 Prozent der Bevölkerung vor, möglichst nachhaltig Urlaub machen zu wollen. Allerdings: Nur für vier bis acht Prozent der Urlaubsreisen gaben Tourist*innen an, dass Nachhaltigkeit bei der Entscheidung tatsächlich ein ausschlaggebendes Argument war.[1] Der Schweinehund bellt bei Entscheidungen für einen nachhaltigeren Lebens- und Konsumstil also genauso laut wie bei anderen guten Vorsätzen. Vielleicht aber auch, weil die Negativauswirkungen von Reisen – insbesondere zu fernen Destinationen mit dem Flugzeug und Schiff – zu wenig bewusst sind.

Die Schattenseiten des (Sommer-)Urlaubs

Entspannen, alltagsflüchten, Abenteuer und Neues erleben, Tapetenwechsel – unsere Reisemotivationen heute sind denen von Urlaubenden vor Jahrzehnten ähnlich. Orte und Aufenthaltsmöglichkeiten hingegen begrenzen nur das Portemonnaie der Reisenden.

Das hat Folgen: Der Tourismus ist für acht Prozent der weltweiten CO_2-Emissionen verantwortlich, fand eine Studie der Universität Sydney 2019 heraus – und trägt damit deutlich mehr zu Klimawandel und Umweltschäden bei als lange angenommen.[2] An- und Abreise sowie die Beherbergung, Verpflegung und Aktivitäten am Urlaubsort verursachen klimawirksame Emissionen. Umweltschäden ziehen darüber hinaus auch die Entsorgung von Abfällen und Abwasser, Trinkwasserentnahme und Flächenverbrauch nach sich.[3]

500 G MEHRVERBRAUCH
LEBENSMITTEL

MINDESTENS
2 X HÖHERER
WASSER-
VERBRAUCH
IM HOTEL ALS
ZU HAUSE

40 % MEHR
PLASTIKMÜLL

0,5 MIO. TONNEN
PLASTIKMÜLL IM
MITTELMEER JEDES
JAHR

Im Sommer steigt mit der Zahl der Tourist*innen auch das Aufkommen an Plastikmüll in den meeresnahen Sonnenscheinregionen um bis zu 40 Prozent. So landet jährlich mehr als eine halbe Million Tonnen Plastikmüll im Mittelmeer. Das überfordert die kommunalen Abfallentsorger.[4]

Auch der Wasser- und Energieverbrauch im Hotelurlaub ist immens. Laut dem Deutschen Hotellerie- und Gaststättenverband (DEHOGA) beanspruchen Fünf-Sterne-Hotels hierzulande über 500 Liter Wasser pro Übernachtung und Gast. Schwimmbad, Sauna und andere Wellnessangebote sind für den hohen Konsum an Trinkwasser verantwortlich. Selbst bei der Übernachtung in Hotels mit weniger oder keinen Sternen werden mindestens 250 Liter täglich auf jeden Gast verwendet.[5] Zu Hause hingegen verbrauchen die Deutschen etwa 125 Liter Trinkwasser täglich.[6] Insbesondere in Urlaubsregionen, in denen

Wasser eine knappe Ressource ist, wird der tourismusbedingte Wasserverbrauch zur Konkurrenz zum Trinkwasserbedarf der lokalen Bevölkerung und der Landwirtschaft. Wasseranlieferung durch Tankschiffe und -laster oder die Aufbereitung von Meerwasser führen zu zusätzlichen Emissionen. Neben mehr entnommenem Wasser kann das zusätzliche Abwasser die Entsorgungsinfrastruktur überfordern und zu Gewässerverschmutzung führen.[7]

Sicher führt das Mehr an etwa einem halben Kilo Nahrungsmittel,[8] den Urlaubende gegenüber zu Hause täglich verbrauchen, nicht zu Hunger bei den Locals. Jedoch werden unter den Leckereien auch solche konsumiert, die die Ökosysteme und Biodiversität vor Ort bedrohen. Für die Aufzucht von beliebten Riesengarnelen beispielsweise müssen seit Jahrzehnten Mangrovenwälder in Südostasien weichen. Mit ihnen verschwinden Küstenschutz, Lebensräume für weitere fischereilich genutzte Arten (und damit wichtige Einkommensquellen) sowie hocheffektiv CO_2 bindende Wälder.

Auch der Bau von Hotels führt zur Abholzung von Mangrovenwäldern.[9] Ein Problem, das auch andere Urlaubsregionen in Küstennähe kennen: In Spanien wurden von Mitte der Fünfziger- bis in die 1990er-Jahre etwa 3.500 Kilometer und damit 50 Prozent der Küste für den Tourismus ausgebaut.[10] Hotelkomplexe, Golf- und Freizeitanlagen, Parkplätze, Straßen, Flughäfen und die Errichtung weiterer touristischer Infrastruktur beanspruchen Flächen und versiegeln Böden. Von architektonischen Bausünden und der Verdrängung lokaler Bautraditionen einmal abgesehen, führt die Versiegelung des Bodens zum Verlust seiner natürlichen Funktionen. Auswirkungen auf den Wasserhaushalt und das Kleinklima haben wiederum erhöhte Risiken von Überflutungen und Überhitzung im Sommer zur Folge.

In jedem Fall nimmt die touristische Flächennutzung Lebensräume für Pflanzen und Tiere. So verschwinden in den Küstenregionen Europas zum Beispiel Sanddünen und mit ihnen die Artenvielfalt (Biodiversität). In Italien betrug der Rückgang der Sanddünen im 20. Jahrhundert 80 Prozent; an Spaniens Küsten am Atlantik 30 Prozent und 70 Prozent am Mittelmeer.[11] 65 Prozent der im Rahmen der Naturschutzvorschriften der Europäischen Union geschützten Lebensräume in Küstengebieten sind in ungünstigem bis

schlechtem Erhaltungszustand. Den Sanddünen als separat untersuchte, geschützten Lebensräumen wurde sogar zu über 90 Prozent ein schlechter Zustand zugeschrieben.[12]

TENDENZ: MEHR REISEN ZU FERNEREN ZIELEN

Zunehmender Tourismus wird die genannten Herausforderungen verstärken: Mit knapp 1,5 Milliarden internationalen Reiseankünften war das weltweite Tourismusaufkommen im Jahr 2019, vor der Coronakrise, so hoch wie nie zuvor. Mit wenigen Ausnahmen ist die Anzahl der grenzüberschreitenden Reisen in jedem Jahr weiter gestiegen – um das Zehnfache in den letzten 50 Jahren.[13]

Dass in den vergangenen Jahrzehnten unser Reiseverhalten globaler geworden ist, ist wenig verwunderlich. Die Zahlen sind dennoch beeindruckend: Für Urlaubsreisen ab fünf Tage Dauer ist die Anreisedistanz innerhalb von 16 Jahren um 34 Prozent gewachsen. Profitiert haben von diesem Zuwachs der Flug- und der (Kreuzfahrt-)Schiffsverkehr und damit besonders umwelt- und klimaschädliche Fortbewegungsmittel.[14]

Der pandemiebedingte Knick, den die Reisebranche erlebt, dürfte in der langfristigen Reiseentwicklung nur eine Ausnahmeerscheinung sein: Obwohl kaum absehbar ist, wann und wie die nächsten Jahre verreist werden kann, plant die Hälfte der Bundesbürger*innen, in den Urlaub zu fahren. Jede*r Achte träumt sogar von vollständiger Reisefreiheit und der nächsten Fernreise.[15]

Die Simulation einer 2015 im *Journal of Sustainable Tourism* veröffentlichten Studie gleicht jedenfalls eher einem Horrorszenario als einer Zukunftsvision: Zu erwarten sei, dass der Ressourcenverbrauch im globalen Tourismus in den Jahren 2010 bis 2050 im günstigsten Fall zwischen 92 Prozent (Wasser) und 189 Prozent (Flächenverbrauch) steigen werde.[16]

Alles nur schlecht? Positive Nachhaltigkeitseffekte von Tourismus

Für viele Regionen der Erde ist Tourismus ein wichtiger Wirtschaftsfaktor. Nachhaltigkeit hat neben der viel studierten ökologischen und der bisher noch weniger quantifizierten sozialen Dimension auch noch eine dritte: die wirtschaftliche. Tourismus sichert vielerorts einen Großteil des Bruttoinlandsproduktes. Auf den Seychellen etwa oder den Malediven hingen in 2019 über 40 bzw. über 56 Prozent der Wirtschaftsleistung an der Reisebranche.[17] Zwischen Januar und Mai 2020 gingen aufgrund der Corona-Pandemie weltweit die internationalen Tourismusankünfte um 56 Prozent gegenüber dem Vorjahreszeitraum zurück.[18] Das hat besonders dann Auswirkungen auf die vom Tourismus geprägten Volkswirtschaften – und den dahinter stehenden, ganz individuellen Existenzen, – wenn staatliche Unterstützungspakete fehlen.

Die Krise offenbart außerdem, dass ausbleibende Tourist*innen zu weniger Umweltschutz führen: Naturschutzgebiete und -parks sind wichtige Tourismusmagneten. Bleiben diese geschlossen, entfallen auch die touristischen Einnahmen. So können Wildhüter*innen nicht mehr bezahlt werden, und Wilderei nimmt zu, berichtet der World Wildlife Fund (WWF) und muss um Spenden für seine Naturschutzprojekte bitten.[19] Auch beobachtet der WWF explodierende Waldzerstörungen während der Pandemie: »In der Mekong-Region in Asien seien aufgrund sinkender Einnahmen im Tourismus und aus dem Verkauf von Waldprodukten wie Honig, Nüssen oder Beeren viele Menschen in ihre Heimatdörfer zurückgekehrt und nutzten jetzt den Wald verstärkt als Brennholz- und Einkommensressource.«[20]

Dass Tourismus Naturschutz fördern kann, zeigen verschiedene Regierungsentscheidungen der vergangenen Jahre und Jahrzehnte: Australien beschloss 2018, zugunsten von Arbeitsplätzen im Tourismussektor über 300 Millionen Euro in den Schutz des Great Barrier Reef zu investieren.[21] Im selben Jahr kündigte die Regierung von Belize an, zum Schutz der Korallenriffe auf die Ölförderung in seinen Gewässern zu verzichten.[22] Und die Dominikanische Republik sicherte sich mit der Einrichtung und Ausweitung des Silver-Bank-Schutzgebiets für Buckelwale wichtige touristische Einnahmen durch Whale-Watching-Angebote.[23]

Neben diesen konkreten Beispielen, in denen Tourismus Umweltschutz befeuert, gibt es auch Effekte, die sich weniger leicht benennen und beziffern
lassen. Etwa individuelle Einstellungs- und Verhaltensänderungen bei den
Reisenden: Wer die Schönheit von Natur kennenlernt, mag zukünftig eher
dazu bereit sein, diese zu schützen und auch einen eigenen Beitrag zu
leisten. Und von Toleranz, Offenheit und einem Verbundenheitsgefühl als
Wirkung von kulturellem Austausch kann die Bevölkerung einer Reisedestination auch in der sozialen Nachhaltigkeitsdimension profitieren.

Früher als Ossi geneckt und als Wessi sozialisiert, habe ich dem Osten
Europas immer seinen Reiz abgesprochen. Umso mehr angetan von
der Natur, vor allem von der Gastfreundschaft und der Hilfsbereit-
schaft der Menschen war ich nach einer unserer Campingbusreisen.
Auf einem Bauernhof im Südwesten Sloweniens überließ man uns am
Abend den Zugang zum hauseigenen Likörkeller. Abgerechnet wurde
am nächsten Morgen auf Vertrauensbasis. Bei Ljubljana empfing man
uns auf einem Hof nicht nur mit hausgemachtem Apfelsaft und Wein
zur späten Stunde, man kredenzte uns am nächsten Morgen auch ein
deftiges Frühstück mit hofeigenen Produkten und entließ uns mit einem »Zahl, was du willst«. Und als wir uns nach einer anstrengenden
Wanderung in den Tolmin-Klammen in der sengenden Nachmittags-
sonne entlang der Straße zum Parkplatz schleppten, hupte es plötzlich
neben uns. Eine Parkmitarbeiterin hielt und bot uns an, uns in ihrem
Auto auf dem Weg in den Feierabend ein Stück mitzunehmen. Mir ist
lange nicht mehr so viel Freundlichkeit von Fremden begegnet!

Green-Travel-101

Wer mit dem nächsten Urlaub wirklich gar keine Negativpunkte auf dem Klimakarmakonto sammeln möchte, reist klimaneutral oder sogar klimapositiv, umwelteffektiv und für die Bevölkerung der Reisedestination sozial und wirtschaftlich profitabel. Nachhaltig par excellence Reisen kann folgendermaßen gehen.

KLIMANEUTRAL ODER -POSITIV REISEN

● Anreise- und Abreise, aber auch die Fortbewegung, der Energieverbrauch und die Emissionen während deines Urlaubs sind nicht höher, als sie beim Urlaub auf Balkonien wären.

● Du kompensierst CO_2-Äquivalente deiner Reise (siehe Seite 21).

PROFITIPP: Deine eigene Wohnung oder dein Haus sowie andere ressourcenintensive Besitztümer können in deiner Abwesenheit fremdgenutzt werden, statt brach zu liegen. So zahlen sie nicht negativ auf dein CO_2-Konto ein. Frage Familie oder Freunde, ob sie nicht Lust haben, in deiner Abwesenheit in deinen Wohnräumen zu urlauben, oder vermiete den ungenutzten Wohnraum zeitweise.

UMWELTEFFEKTIV REISEN

● Du verzichtest auf umweltschädliche Erlebnisse, wie Motorbootfahren im Korallenriff, die Nutzung künstlich beschneiter Wintersportpisten und Elefantenreiten, Delfinshows oder andere Wildtiererfahrungen.

PROFITIPP: Die Umwelt wird durch den Urlaub nicht nur nicht belastet, sondern profitiert sogar von deinem Aufenthalt. Dazu könntest du etwa während einer Wanderung oder beim Strandaufenthalt Müll sammeln.

SOZIAL UND WIRTSCHAFTLICH PROFITABEL

Die Wirtschaft und Gesellschaft des Reiselandes oder der Region wird durch deinen Urlaub bereichert, etwa durch

- den Besuch in Restaurants und die Wahl von Unterkünften, die inhabergeführt sind,

- dem Kauf von lokal hergestellten Souvenirs,

- die Buchung bei lokalen Erlebnisanbietern,

- Interesse an und Respekt vor der Kultur vor Ort.

Blicke doch einmal auf deine letzte Reise zurück – welche Punkte kannst du abhaken?

Puh! Alles richtig zu machen klingt auf den ersten Blick nahezu unvereinbar mit Erholung und Erleben. Dass dem nicht so ist, soll dieses Buch zeigen. Außerdem wird im Folgenden von »nachhaltiger reisen« statt einem dogmatischen »nachhaltig reisen« gesprochen – jeder Schritt in die richtige Richtung ist besser, als auf der Stelle zu treten.

Je mehr ich in das Thema Nachhaltigkeit und damit verbunden in nachhaltigere Konsum- und Handlungsweisen eintauchte, desto größer lastete der Druck auf mir, alles richtig machen zu wollen. Immer wieder stolperte ich über Aspekte, die ich noch gar nicht bedacht hatte und die bisher unmöglich erscheinende Veränderungen in meinem Leben hervorriefen.

So scheiterte ich etwa an dem Versuch, »zero waste«, also verpackungs- und insbesondere plastikmüllfrei, zu konsumieren. Dass ich in einem damals Drei-Personen-Haushalt nicht nur mein eigenes Leben, sondern auch das meines Kindergartenkindes (das bereits an in reichlich in Plastik eingepackte Snacks gewöhnt war) und meines Partners (der noch nicht im gleichen Maße in Nachhaltigkeit involviert war wie ich) würde ändern müssen, entmutigte mich – ohne überhaupt nach Mülleinsparungsmöglichkeiten im Alltag geschaut zu haben. Auf sozialen Medien sah ich Bilder von mit Glas- und Metalldosen gefüllten Vorratskammern und von Wocheneinkäufen im Unverpacktladen. In meinen Küchenschränken hingegen tummelten sich vor allem bunte Plastikbüchsen. Der nächstgelegene Unverpacktladen lag zwei Stadtteile und eine halbe Stunde mit der Tram entfernt. Und während die Vorreiter*innen der müllfreien Bewegung ihr Müllaufkommen eines ganzen Monats oder gar Jahres in einem einzigen Marmeladenglas fassen konnten, trug ich mehrere Rest- sowie Papier- und Plastikmüllsäcke pro Woche vor die Tür.

Erst als ich mich »less waste« und damit einem weniger absoluten Ziel zugewandt hatte, konnte ich für meine Lebenssituation realisierbare Alternativen finden und annehmen. Etwa der Obst- und Gemüseeinkauf auf dem Wochen- und im Supermarkt mit mitgebrachten Beuteln und Behältnissen oder der Griff zu fester, unverpackter

Kosmetik (siehe Seite 76). Anderes, wie verpackte Snacks für das Kind unterwegs oder gelegentliches Take-out, sind für mich nach wie vor bewusste Ausnahmen. Trotzdem verursache ich heute deutlich weniger Verpackungsmüll als früher. »Green, fair und fun« ist der Leitsatz, unter dem ich über nachhaltigere Konsumalternativen und Lebensweisen blogge und den ich allen ans Herz legen möchte, die es auch probieren möchten.

Der individuelle Reisefußabdruck

Energieverbrauch und CO_2-Emissionen hängen im Tourismus zu 75 Prozent mit der Nutzung von Verkehrsmitteln zusammen.[24] Je nach Mobilitätsart kann aber auch die Unterkunft einen beachtlichen Anteil am Fußabdruck einer Reise haben. Mit Rucksack und Rad zu reisen ist löblich. Nächtigt man auf der Tour allerdings in Fünf-Sterne-Hotels, wäre der Urlaub nicht weniger ressourcenaufwendig als die An- und Abreise mit Dieselauto und der zweiwöchige Aufenthalt im Ökohotel. Um zu ermitteln, welche Faktoren eine Reise aus Nachhaltigkeitsperspektive problematisch machen und wie sehr, können wir auf zwei wissenschaftliche Konzepte zurückgreifen:

DER ÖKOLOGISCHE FUSSABDRUCK berechnet, wie viel biologisch produktive Land- und Wasserflächen – also Ackerland, Weideland, Waldflächen, Fischgründe und bebaute Flächen – benötigt würden, um die verbrauchten Ressourcen zu produzieren und die anfallenden Abfälle (auch CO_2) aufzunehmen. Angewendet werden kann der ökologische Fußabdruck auf Individuen, Bevölkerungen oder Aktivitäten (z. B. das Reisen). Unter der Messgröße der globalen Hektar (gha) werden die Faktoren Ernährung, Wohnen, Konsum und Mobilität zusammengefasst.

Die Angebot-versus-Nachfrage-Bilanz für unseren gesamten Planeten sieht mau aus: Laut Daten der Non-Profit-Organisation Global Footprint Network übersteigt die weltweite Nachfrage nach natürlichen Ressourcen seit 1971 durchgehend das Angebot an regenerierten Ressourcen.[25] Gegenwärtig bräuchte die Erde mehr als anderthalb Jahre, um den Verbrauch eines Jahres zu decken. Wenig überraschend: Wir Europäer*innen leben besonders über unsere Verhältnisse. Würden alle Erdenbewohner*innen unseren Lebensstil pflegen, wären fast drei Erden notwendig, um den Ressourcenverbrauch nachhaltig zu ermöglichen. Im Jahr 2017 betrug in Deutschland der Pro-Kopf-Fußabdruck 4,7 globale Hektar. Damit auch zukünftige Generationen auf Ressourcen zurückgreifen können, würde der nachhaltige ökologische Fußabdruck in Deutschland bei etwa 1,5 globalen Hektar (15.000 Quadratmetern) pro Person liegen.[26]

DER CO_2-FUSSABDRUCK ist ein weiteres beliebtes Konzept. Hier werden Negativeinflüsse auf das Klima – also solche, die zur Erderwärmung und damit zu den negativen Folgen für Mensch und Natur beitragen – in CO_2-Äquivalente in Kilogramm umgerechnet. Der Richtwert für einen klimaschützenden Lebensstil liegt bei zwei Tonnen pro Kopf im Jahr. Jede*r Deutsche verursacht momentan allerdings mehr als das 6-Fache – nämlich durchschnittlich 12,5 Tonnen.[27]

FUSSABDRUCK BERECHNEN

Egal, welche Messgröße man zugrunde legt: Das jährliche »Freikontingent« an globalen Hektar oder Tonnen CO_2 ist mit einem zweiwöchigen Aufenthalt im Luxusresort ebenso schnell ausgeschöpft wie mit der motorisierten An- und Abreise zum Urlaubsort, zum Beispiel 1.200 km von Hannover an die nordspanische Mittelmeerküste (siehe Tabelle rechts). Der Fußabdruckrechner der Technischen Universität Graz zeigt dies und lässt die Berechnung für die ganz persönliche und individuelle Reiseplanung zu. Nach der Abfrage von An- und Abreise, Unterkunft und Verpflegung sowie Mobilität und Aktivitäten vor Ort spuckt der Rechner eine Gesamtbilanz für die geplante Reise als Fußabdruck in Quadratmetern wie auch in Kilogramm CO_2 aus.[28]

EINDEUTIG IST: Flugzeug, Schiff und die Reise auf vier (eigenen) Rädern frisst die meisten Ressourcen. Überraschen mag, dass Flugzeug und Schiff eine weniger drastische Umweltauswirkung haben als Auto oder Wohnmobil. Den Abdruck der motorisierten Reise kann man jedoch ganz deutlich mit der Auslastung im Fahrzeug senken. Würde der Campingbus statt mit zweien mit drei Personen besetzt sein, läge der Fußabdruck pro Kopf unter dem der Flugzeug- und Schiffsreise. Zudem kann eine umsichtige Fahrweise Energieverbrauch und Emissionen deutlich reduzieren. Bei der An- und Abreise mit dem Flugzeug wäre zusätzlich mindestens ein Hin- und Fortkommen zur Unterkunft hinzuzurechnen.

AN- UND ABREISE PRO PERSON BEI 1.200 KILOMETERN

	Fußabdruck in m²	kg CO_2
Rad	5.464	18,0
E-Bike	11.128	39,6
Bahn	25.374	92,4
Bus	36.414	162,0
Schiff	40.560	248,4
Flugzeug	43.238	234,0
Auto (7,2 Liter Diesel, 2 Personen)	51.100	247,7
Campingbus/ Wohnmobil (10 Liter Diesel, 2 Personen)	60.157	299,2

UNTERKUNFT PRO PERSON FÜR 14 TAGE

	Fußabdruck in m²	kg CO_2
Campingbus/ Wohnmobil	7.605	38,4
Campingplatz	24.848	114,0
Jugendherberge	27.286	127,4
Ferienwohnung	36.929	162,8
Ferienhaus	38.998	170,2
Ökohotel	60.506	215,3
Fünf-Sterne-Hotel	281.871	1.163,9

JETZT BIST DU DRAN! Die folgende Tabelle zeigt die Werte heruntergerechnet auf einen Kilometer An- und Abreise sowie eine Übernachtung jeweils für eine Person. Nun kannst du deine geplante Reise ganz einfach berechnen!

AN- UND ABREISE PRO PERSON PRO ZURÜCKGELEGTEM KILOMETER

	Fußabdruck in m²	kg CO₂
Rad	4,6	0,015
E-Bike	9,3	0,033
Bahn	21,1	0,077
Bus	30,3	0,135
Schiff	33,8	0,207
Flugzeug	36,0	0,195
Auto (7,2 Liter Diesel, 2 Personen)	42,6	0,206
Campingbus/ Wohnmobil (10 Liter Diesel, 2 Personen)	50,1	0,249
Geplante Entfernung		

UNTERKUNFT PRO PERSON PRO ÜBERNACHTUNG

	Fußabdruck in m²	kg CO₂
Campingbus/ Wohnmobil	543,2	2,743
Campingplatz	1.774,9	8,143
Jugendherberge	1.949,0	9,100
Ferienwohnung	2.637,8	11,629
Ferienhaus	2.785,6	12,157
Ökohotel	4.321,9	15,379
Fünf-Sterne-Hotel	20.133,6	83,136
Geplante Übernachtungen		

FUSSABDRUCK AUSGLEICHEN

Über Anbieter wie Atmosfair oder MyClimate kann man Flüge, Kreuz- und Autofahrten ausgleichen: Die verursachten CO_2-Emissionen in Tonnen werden beispielsweise gegenübergestellt mit der Zahl der Bäume, deren es bedürfen würde, um das Kohlenstoffdioxid zu binden. Die Pflanzung ebenjener Bäume in Aufforstungsprojekten kann man dann mit einem bestimmten Geldbetrag unterstützen und so die ökologische Missetat kompensieren. Neben dem Pflanzen von Bäumen gibt es auch weitere Klimaschutzprojekte: solche etwa, die den Aufbau von klimafreundlicher Energieerzeugung durch Solar-, Wind- oder Wasserkraft fördern und damit dreckige Energiegewinnung in Kohlekraftwerken ersetzen können. Andere geförderte Projekte konzentrieren sich auf Bildung, Investitionen in medizinische Einrichtungen oder den Aufbau von Infrastruktur und Arbeitsplätzen, um langfristig eine nachhaltige Entwicklung zu ermöglichen. Das Umweltbundesamt empfiehlt, solche Kompensationsprojekte auszuwählen, die mit dem Siegel »Gold Standard« ausgezeichnet sind.

ABER ACHTUNG: Das Kompensieren von klimaschädlichem Verhalten sollte kein ökologischer Ablasshandel sein. Ziel ist nicht, ohne Gewissensbisse und wie bisher weiter zu konsumieren. Neben der Wiedergutmachung soll das Kompensieren auch zu einem Bewusstsein für das eigene klimawirksame Handeln beitragen. Was kostet ein Flug tatsächlich? Der supergünstige Flug ist vielleicht nicht mehr erste Wahl, wenn man die Kosten für den Ausgleich des Klimaschadens aufrechnet. Viele Tools, die den ökologischen oder CO_2-Fußabdruck berechnen, geben außerdem Tipps, wie man den eigenen Einfluss verringern kann. Für Fern- und Flugreisen gilt: diese bewusst unternehmen und als den Luxus anerkennen, die sie sind.

ZIELE, REISEZEIT & BEGLEITUNG

Bevor es an die Detailvorbereitung mit der Beantwortung ganz praktischer Fragen zur Unterkunft, zum Hin- und Herumkommen und zu Gepäck und Mitnehmseln geht, solltest du zunächst drei Faktoren klären, die deine weitere Reiseplanung bestimmen: das Reiseziel, die Reisezeit und -dauer sowie die Reisebegleitung.

Reiseziele: Nah reisen, fern fühlen

Den ökologischen Fußabdruck deiner Reise bestimmt ganz wesentlich das Transportmittel für die An- und Abreise. Und dieses wiederum hängt von der Entfernung des Ziels vom Wohnort ab. Ein Leitsatz für nachhaltigeres Reisen lautet daher: möglichst nah reisen!

»Warum in die Ferne schweifen? Sieh, das Gute liegt so nah!«, empfahl bereits Goethe, und recht hat er noch immer. Diese besonderen Orte liegen allesamt in Deutschland oder im nahe gelegenen europäischen Ausland und lassen dennoch ein Weit-weg-Gefühl aufkommen:

KÖNIGSSEE IM BERCHTESGADENER LAND: An einen neuseeländischen Fjord fühlt man sich erinnert, wenn man mit dem Elektroboot zur Wallfahrtskirche Sankt Bartholomä auf dem Königssee schippert. Zwischendurch stellt der Kapitän den Motor aus und zückt sein Horn, dessen Klang die steil aus dem Wasser ragenden Felswände wiedergeben. Gänsehaut! Etwa zwei Wanderstunden oberhalb der Kirche gelegen ist der Einstieg zur 1.800 Meter hohen Ostwand des Watzmanns. An deren Fuß befindet sich mit der Eiskapelle – dem tiefstgelegenen permanenten Eisfeld der Alpen – eine weitere Besonderheit.

ELBSANDSTEINGEBIRGE IN DER SÄCHSISCHEN SCHWEIZ: Mystischer Nebel am Morgen, bunte Laubwälder in der Herbstsonne – auf dem

Malerweg in Sachsen wird man im Herbst in den nordamerikanischen Indian Summer versetzt. Die wildromantischen Motive auf dem 112 Kilometer langen Wanderweg inspirierten etwa Casper David Friedrich zu Gemälden.

DAHNER FELSENLAND UND OCKERBRÜCHE VON ROUSSILLON: Ein Stück Bizarres des Grand Canyon findet sich auch bei den Buntsandsteinfelsen im Pfälzer Wald. Der Teufelstisch von Hinterweidenthal ist eine der eindrücklichsten Gesteinsformationen: Ein 14 Meter hoher Pilzfelsen ragt wie ein Tisch für Riesen aus dem Wald heraus. Südwärts in der französischen Provence bieten die stillgelegten Ockerbrüche von Roussillon ein Naturschauspiel.

TRIBERGER WASSERFÄLLE: Mit den riesigen, frei fallenden Wassermassen in Island oder auf dem nord- und südamerikanischen Kontinent können die Fälle auf dem europäischen Festland vielleicht nicht ganz mithalten – und doch wird man fündig: 163 Meter stürzt das Wasser der Gutach im Schwarzwald in Triberg entlang sieben Fallstufen herab. Im umgebenen Parkgelände kann man Erdnüsse kaufen und an Eichhörnchen verfüttern. Der Rheinfall in der Schweiz beeindruckt eher in der Breite: Auf 150 Metern tosen im Mittel 373 Kubikmeter Wasser pro Sekunde über die Felsen 23 Meter hinab. Im Süden Europas werden Freunde des fallenden Wassers in Kroatien an den Plitvicer Seen oder im Nationalpark Krka fündig.

WESTSTRAND DARSS IM NATIONALPARK VORPOMMERSCHE BODDENLANDSCHAFT: Hier trifft feinster Ostseesand auf wild-bizarren Baum- und Buschbewuchs. Der 14 Kilometer lange Strandabschnitt ist abseits gelegen und nicht mit dem Auto zu erreichen. Der Rundfunksender Arte zeichnete ihn als einen der zehn schönsten Strände der Welt aus. Anders als wir es von vielen bekannten Ostseestränden kennen, säumen diesen keine Kioske und hochgebauten Hotels.

Über den Tellerrand braucht keine Fernreise! Neben der Landschaft sorgt in Deutschland die kulturelle Vielfalt dafür, dass sich nur einen Katzensprung entfernt gelegene Orte fremd und neu anfühlen. Architektur, Küche, Mundart und Bräuche können von einer Region zur nächsten ganz verschieden sein. So stellt sich für mich bei einem Ausflug in die Hochebenen des Harzes – keine zwei Autofahrstunden von Hannover entfernt und ohne Niedersachsen verlassen zu haben – umgehend ein Gefühl von Urlaub ein. Vielleicht sind es die mit Holzpanelen und Schieferkacheln verkleideten Häuser? Oder die dampfende, pfeifende Brockenbahn? Ich nehme das nördlichste der deutschen Mittelgebirge jedenfalls immer als urig und etwas sepiagefärbt wahr.

VIRTUELL REISEN: BEWUSST (FERNE) ZIELE WÄHLEN

Du bist einfach durch und durch Weltenbummler*in, und die Ferne lockt dich arg? Live-Cams, Satellitendienste, Streaming, Videokonferenzen und gutes, digitales Storytelling ermöglichen, dass wir die Welt und andere Kulturen auch vom heimischen Sofa aus kennenlernen können: etwa eine Museumsführung im Metropolitan Museum of Art in New York, ein Spaziergang auf der Chinesischen Mauer, eine Entdeckungstour durch die größten Nationalparks der Erde, eine Fahrt mit der Transsibirischen Eisenbahn von Moskau nach Ulaanbaatar oder eine Verkostung der Aromen Indiens.

Drei Onlineadressen für virtuelles Reisen, die Fernweh ohne Flug stillen – und helfen können, die Entscheidung für ein weit entfernt gelegenes Reiseziel ganz bewusst zu treffen:

● Den Globus virtuell erkunden funktioniert über *Google Earth*. Mithilfe der 360-Grad-Street-View-Ansichten lassen sich Innenstädte, Nationalparks und Gewässer auf der Weltkugel auf dem Bildschirm ansehen.

● *Explore.org* ist das größte Live-Natur-Cam-Netzwerk der Welt. Polarlichter im nördlichsten Norden der USA anschauen geht ebenso wie Wildtierbeobachtungen in afrikanischen Nationalparks.

● Aktivitäten mit *Locals* aus den eigenen vier Wänden kann man über die *Onlineentdeckungen bei Airbnb* buchen. Ein Pianokonzert live aus Wien, ein Tango-Anfängerkurs mit argentinischen Profitänzer*innen, Waldbaden an Kyotos heiligem Berg oder gemeinsam Backen mit einem Konditor in Paris! Die Entdeckungen sind eine Mischung aus Gesprächen, Vorträgen und Aktivitäten und können exklusiv oder in Gruppen gebucht werden. Ein spannendes Angebot für alle, die am Reisen die Begegnung mit unbekannten Menschen schätzen!

Reisezeit und -dauer: Wann und wie lange bewusst reisen?

Nach »so nah wie möglich« lautet der zweite Grundsatz des nachhaltigeren Reisens, sich möglichst lange an einem Ort aufzuhalten. Heißt im Umkehrschluss: Ein Kurztrip übers Wochenende zu einem weit entfernt gelegenen Ziel ist aus Nachhaltigkeitsperspektive der Worst Case. **BESSER:** die Erkundung europäischer Haupt- und Großstädte als Teil eines langen Urlaubs planen und die Region über die Stadtgrenzen hinaus erkunden.

Doch wann ist die beste Reisezeit? Grundsätzlich gilt für aufgeschlossene, outdooraffine Reisende: Es gibt kein schlechtes Wetter – ergo wären Jahreszeiten auch kein ausschlaggebendes Reisekriterium. Allerdings bedingen die Saisons gewisse Naturschauspiele und verleihen Reisezielen in Deutschland und Europa einen besonderen Charme und Reiz:

FRÜHLING & SOMMER

WATTWANDERUNG AN DER NORDSEE: Von April bis September werden an der deutschen Nordseeküste geführte Wanderungen durch das Wattenmeer angeboten. Schön: frühmorgens vom Festland bis zur Insel Norderney wandern. Als Belohnung einen Ostfriesentee mit Sahne, Kluntje und Blick aufs Meer im Café Marienhöhe genießen und am Abend mit der Fähre entspannt zurückschippern.

POTTWAL-WATCHING IN NORWEGEN: Vor den Vesterålen, den nordnorwegischen Inseln etwa 300 Kilometer nördlich des Polarkreises, geht es 1.000 Meter steil hinab auf den Meeresgrund. Männliche Pottwale tauchen hier nach Tintenfischen und Riesenkalmaren. Auch Orcas, Buckelwale, Schweins-, Grind- und Zwergwale werden regelmäßig gesichtet. Ein besonderes Erlebnis: Vom 23. Mai bis zum 23. Juli scheint auf den Vesterålen die Mitternachtssonne. Heißt: Walbeobachtung rund um die Uhr!

MEISTER PETZ GANZ NAH IN SLOWENIEN: Von Mai bis September kann man in den Wäldern Sloweniens, z. B. im Lož-Tal, Bären beobachten. **MEIN TIPP:** Die familiengeführte Pension Na Meji organisiert in Kleingruppen Touren, hat einen fantastischen Likörkeller und bietet neben Gästezimmern eine Wiese mit Platz für 15 Zelte oder Wohnmobile. Günstig, familiär und auf weiter Ebene gelegen, ist der Sonnenuntergang im Sommer ein Spektakel für sich.

FLAMINGOS IN SPANIEN UND FRANKREICH: Zehntausende Rosaflamingos brüten zwischen November und Juli nahe der Lagune Fuente de Piedra bei Antequera in Spanien. Von Aussichtspunkten rings um die salzige Lagune aus können die Tiere mit Fernglas beobachtet werden. Tropisches Flair bringen die Vögel auch in die südfranzösische Camargue. Am salzigen Strandsee Étang de Vaccarès etwa sind die farbenprächtigen Vögel von April bis September anzutreffen.

GUT-WETTER-GARANTIE AN DER OSTSEE: Sommersonne satt gibt es hierzulande an der Ostsee. Die beste Reisezeit für die deutsche Ostseeküste sind die Sommermonate Juni bis August. Zu dieser Zeit herrschen die höchsten Temperaturen – im Mittel zwischen 18 und 22 Grad. Zinnowitz auf Usedom gilt laut Deutschem Wetterdienst als sonnenreichster Ort Deutschlands: 1.917,5 Sonnenstunden werden hier durchschnittlich gezählt.[29] In den Top Drei folgen unweit davon die Insel Greifswalder Oie und die Steilküste am Kap Arkona im Norden Rügens.

MEERESLEUCHTEN IN IRLAND: Der Salzsee Lough Hyne an der Küste Corks im Südwesten Irlands ist als Meeresnaturschutzgebiet ein Tummelbecken für zahlreiche Spezies. Diese kann man beim Nachtkayaking beobachten. Für Paddler*innen insbesondere im Juli und August aber nur ein Sidekick: Der wahre Star ist das Phytoplankton im Wasser. Diese Mikroorganismen speichern tagsüber Lichtenergie und geben sie bei Kontakt ab – sichtbar wird sie bei Nacht. Wenn es in der Tiefe doch dunkel bleiben sollte, bietet auch der Nachthimmel ein fulminantes Sternenfeuerwerk.

QUERUNG DER ALPEN: Eine Über-querung der Alpen stand als »Grand Tour« bereits auf den Reiseplänen von Adel und Bürgertum am Ende des 17. Jahrhunderts. Eine solche Querung markierte den Abschluss der Erziehung. Auch Goethe über-querte auf seiner »Italienischen Reise« die Alpen von München über den Brenner zum Gardasee. Heute liegen bekannte Wande-rungen entlang der Europäischen Fernwanderwege E1 (Abschnitt Konstanz über den Gotthardpass bis zum Lago Maggiore) und E5 (von Oberstdorf bis Meran). Im August und September empfiehlt sich die Querung, da dann das Eis auch in hohen Lagen geschmolzen ist.

STERNE SCHAUEN IM WEST-HAVELLAND: Im öffentlich zugänglichen Natur- und Sternenpark Westhavelland ist die Lichtverschmutzung gering. Von neun ausgewie-senen, leicht erreichbaren Beobachtungsplätzen aus hat man freien Blick auf den nächtlichen Horizont und die Funkelsterne unserer Gala-xie. Empfohlen wird, etwa eineinhalb Stunden nach Sonnenuntergang mit der Beobachtung zu beginnen. Nicht empfohlen: Vollmond-nächte und der Zeitraum vom 21. Mai bis zum 21. Juli. Dann werden die Nächte durch die Mitternachtsdämmerung nicht vollständig dunkel.

BLÜTEZEIT IN DER LÜNEBURGER HEIDE: Von Anfang August bis Anfang September blüht die Lüneburger Heide. Im autofreien Naturschutzgebiet rund um den Wilseder Berg liegen die größten zusammenhängenden Heideflächen Mitteleuropas. Erkunden kann man sie zu Fuß, etwa auf dem Heidschnucken-Fernwanderweg, per Rad oder zu Pferd in der Kutsche.

SKIWANDERN IN HARZ, SCHWARZWALD UND ÖSTERREICH: Beim Skiwandern steht nicht die Abfahrt, sondern der Aufstieg sowie ebene Strecken im Fokus. Der Weg (bergauf) ist das Ziel. Vorteile für die Ökobilanz dieses Wintersports: Auf energieaufwendige Lifte ist man nicht angewiesen, und Gebiete für das Skiwandern finden sich sogar im Norden Deutschlands. Vom Wurmberg im Harz gibt es einen Zugang zum 148 Kilometer langen, gespurten Skiloipennetz. Im Schwarzwald führt der Fernskiwanderweg Schonach-Belchen über 100 Kilometer weit. In hochgelegenen Gletschergebieten in Österreich geht die Skiwandersaison von September bis Mai.

WEINLESE AN DER MOSEL: Wer im Büro und tagein, tagaus am Bildschirm arbeitet, überkommt gelegentlich die Lust, »mal was mit den Händen zu machen«. Vor dem grandiosen Panorama des Moseltals hat man hierzu im Oktober die Gelegenheit: Winzerbetriebe freuen sich vielerorts über Erntehelfer*innen. Bezahlt wird die helfende Hand meist in Wein und Traubensaft und bisweilen Logis. Einfach im Weindorf der Wahl bei ansässigen Winzer*innen fragen, ob noch Unterstützung benötigt wird.

OLIVENERNTE IN ITALIEN: Ebenfalls im Oktober und von Hand, aber weniger abschüssig werden in der Toskana Oliven gepflügt. Viele Bauern und Bäuerinnen freuen sich über die Unterstützung der Feriengäste. Als solche pflückt man, so lange und so viel man möchte. Gemeinsames Kochen und Essen mit den Pflückenden versprechen Geselligkeit. Genügend Zeit für Ausflüge und Besichtigungen in der Umgebung bleiben außerdem.

GESTIRNE GUCKEN IN GROSSBRITANNIEN: Exmoore wurde 2011 von der International Dark Sky Association zum ersten Lichtschutzreservat Europas ausgerufen. Die beste Sicht auf die Gestirne hat man in der innersten Kernzone bei Holdstone Hill, County Gate und Wimbleball Lake. Beim Exmoor Dark Skies Festival von Mitte Oktober bis Anfang November erwarten Kinder und Erwachsene eine Vielzahl an astronomischen Aktivitäten und Veranstaltungen, wie Sternbeobachtungssitzungen und Nachtwanderungen, Vorträge und Workshops von erfahrenen Astronom*innen, nächtliche Wildtier-Events, Bootsabenteuer und vieles mehr.

ORCAS AUF DER JAGD IN NORWEGEN:

Warm anziehen! Von Mitte Oktober bis Mitte Januar sammeln sich Orcas an den Fjorden von Nordnorwegen für die Jagd auf Heringsschwärme. Definitiv eine Sehenswürdigkeit, die man gesehen haben sollte, und ein Grund, die Zugverbindungen nach Norwegen zu checken!

MONSTERWELLEN REITEN IN PORTUGAL:

Bis zu 25 Meter können sich die Wellen vor dem Küstenort Nazaré an der Atlantikküste Portugals zwischen Oktober und März auftürmen. Wie Ameisen wirken die Surfprofis in den hohen Wellen, die man vom roten Leuchtturm auf den Klippen am Praia do Norte aus beobachten kann.

BOULDERN IN FRANKREICH:

Der Wald von Fountainebleau südlich von Paris gilt als Wiege des Bouldersports. Der Sandstein der etwa zwanzigtausend Felsblöcke – der Boulder – ist von Ende Oktober bis Ende März besonders griffig. Ohne Kletterseil und Klettergurt wird nur so hoch geklettert, dass man ohne wesentliches Verletzungsrisiko bis zum Boden abspringen kann.

POLARLICHTER JAGEN IM NORDEN EUROPAS:
Polarlichter gehören zu den beeindruckendesten Naturschauspielen im Norden Europas. Verursacht werden sie durch Sonnenwinde. Wie alle astrononomischen Phänomene erfordert der Jagderfolg dunkelste Dunkelheit. Während besonders starke Sonnenwinde durchaus Nordlichter über Mitteldeutschland produzieren, sind diese durch die starke Lichtverschmutzung hierzulande nicht wahrnehmbar. Anders in den besiedlungsarmen nordischen Ländern. Hotspots für die Polarlichter in Herbst und Winter sind zum Beispiel Tromsø in Norwegen, Kiruna in Schweden oder Lappland in Finnland. In den finnischen Nationalparks finden sich unverschlossene Blockhäuser, in denen kostenfrei gerastet und übernachtet werden darf. Bei so viel Gemütlichkeit darf man nur die Nordlichter nicht verpassen!

AUF KUFEN IN SCHWEDEN:
Im Januar und Februar, wenn der Mälaren-See nahe Stockholm zugefroren ist, kann man hier ohne Gedränge Schlittschuh fahren und winterwandern. Der drittgrößte See Schwedens ist etwa doppelt so groß wie der Bodensee.

Alleine reisen: fünf nachhaltige Ideen

Auch aus Nachhaltigkeitsperspektive gibt es Argumente, die für das Reisen sprechen: Es bildet und fördert Offenheit, und eine Reise ohne Begleitung potenziert diese Wirkung gewissermaßen. So schön es ist, Erinnerungen zu teilen, und so viel Sicherheitsgefühl das Wissen bringt, eine vertraute Person an der Seite zu haben – allein zu reisen hat viele Vorteile: volle Entscheidungsfreiheit über die Planung zum Beispiel. Ebenso spontan kann man sich während der Reise für alternative Unterkünfte, Routen und Aktivitäten entscheiden. Auf sich selbst gestellt zu sein verheißt auch Abenteuer, das Über-sich-Hinauswachsen und die Erkenntnis dessen, was einem wirklich wichtig ist. Und ganz nebenbei eröffnet die Unabhängigkeit von Willen und Vorstellungen einer Reisebegleitung nachhaltigere Reiseoptionen.

1) KRAFT TANKEN IM KLOSTER »Ins Kloster gehen«, das klingt so drastisch. Dabei ist es eine beliebte Art des Urlaubens allein: Über 300 Klöster deutschlandweit führt die Plattform stillefinden.org. Ob das erklärte Ziel urlauben und entspannen ist, Selbstfindung – etwa nach einem einschneidenden Erlebnis – oder Spiritualität kennenzulernen oder wiederzuentdecken: Die unterschiedlichen Einrichtungen bedienen mit ihren Angeboten ganz verschiedene Motivationen für den Klosteraufenthalt. Viele Klöster heißen ausdrücklich auch nicht-gläubige Gäste willkommen oder gestalten ihr Programm konfessionsübergreifend, zum Beispiel mit Yoga, Meditation, Fasten und Psychotherapie. Gemeinschaft, Einkehr und Müßiggang kann man bei einem Klosteraufenthalt (wieder)erlangen und damit die besten Voraussetzungen für einen bewussten, reduzierten Lebens- und Konsumstil.

2) URLAUB GEGEN HAND

World Wide Opportunities on Organic Farming – kurz WWOOOF – nennt sich eine internationale Gemeinschaft, die Arbeitskraft gegen Logis vermittelt. Die Community in Deutschland verbindet seit Anfang der 1990er-Jahre über 500 aktive ökologische Landwirt*innen und Züchter*innen mit Menschen, die auf Gütern leben und ökologische Anbaumethoden lernen möchten. Perfekt für ein Sabbatical oder einen langen Urlaub! In der Gruppe »Urlaub gegen Hand« auf Facebook finden sich auch für kurze Zeiträume Hilfegesuche auf Höfen oder Angebote von Fähig- und Fertigkeiten gegen Unterbringung und Verpflegung.

3) AUSSERHALB DER SAISON REISEN

Übertourismus während der Hauptsaison belastet die Infrastruktur von beliebten Reisezielen. Der Verkehr ist dicht, die Luftverschmutzung hoch. Trinkwasser kann knapp werden, und die Abfall- und Abwassersysteme werden mancherorts überlastet (siehe Seite 10). Wer nicht an Schul- und Betriebsferien oder Schließzeiten von Betreuungseinrichtungen gebunden ist, belastet viel besuchte Regionen in der Nebensaison weniger. In Gegenden, in denen eine Vielzahl von Einkommen am Tourismus hängen, trägt der Urlaub außerhalb der Hauptsaison zur regionalen Wertschöpfung bei – statt nur saisonale und bisweilen prekäre Jobs zu schaffen.

4) VOLUNTEERING IN DER FERNE

Eine Möglichkeit, mehrere Wochen oder Monate sinnstiftend im Ausland zu verbringen, ist der Freiwilligendienst. Staatlich gefördert wird dieser über das Bundesministerium für wirtschaftliche Zusammenarbeit und Entwicklung (BMZ) und richtet sich an junge Menschen zwischen 18 und 28 Jahren. Die Koordinierungsstelle Weltwärts vermittelt gemeinnützige Projekte in den Bereichen Bildung, Gesundheit, Kultur, Menschenrechte, Landwirtschaft und Umwelt. Ohne Altersbegrenzung und mit flexibler Dauer ab zwei Wochen kann man sich auch im selbstfinanzierten Urlaub in der nicht allzu weiten Ferne engagieren. Eco-Farming auf einer griechischen Insel, Mitarbeit in einem Huskyprojekt in Schweden, Meeresschutz in Italien, die Unterstützung von Kinder- und Jugendbetreuungseinrichtungen in Irland und, und, und – es finden sich viele Gelegenheiten für flexible Freiwilligenarbeit im europäischen Ausland. Die Plattform wegweiser-freiwilligenarbeit.com hat 50 Kriterien aufgestellt, um seriöse Anbieter zu erkennen, und listet 40 solcher Projekte in Europa auf.[30]

5) ZUSAMMEN UNABHÄNGIG UNTERWEGS

Die Übernachtung im Mehrbettzimmer und das Teilen eines Fahrzeugs (z. B. über Blablacar) sparen sowohl Ressourcen als auch Geld. Geselligkeit gibt es obendrauf. Über eatwith kann man Mahlzeiten und Kochkurse bei privaten Gastgebenden buchen und so traditionelle, lokale Küche kennenlernen, ohne allein am Tisch zu sitzen.

Das Beste beider Welten – des allein und in Begleitung Reisens – vereint die Gruppenreise. Was etwas altbacken nach Kaffeefahrt klingt, kann mit dem richtigen Anbieter ein Abenteuer werden, das man ohne Mitstreiter*innen nicht erleben könnte, ein Blockhaus bauen in Schweden, eine geführte Rad-rundreise in Österreich oder ein Segeltörn auf dem niederländischen Ijssel-meer zum Beispiel. Der Anbieter Trip Legend organisiert gemischte Reise-gruppen mit acht bis 16 Gästen im Alter von 25 bis 35 Jahren und legt mit CO_2-Kompensation der Reise, der Pflanzung eines Baums pro Teilnehmer*in, der Vermeidung von Orten, die von Übertourismus geplagt sind, sowie der Zusammenarbeit mit lokalen (Klein-)Unternehmer*innen und Guides Wert auf Erlebnis und Nachhaltigkeit.

Drei Wochen durch Kalifornien mit dem Rucksack reisen, zum Schluss noch einen Abstecher nach Las Vegas. Das war der Abschluss meines aufregenden Au-pair-Jahres vor über zehn Jahren in den USA. Obwohl nachhaltiger zu reisen noch gar nicht auf meiner persönlichen Agenda stand, tat ich es dennoch, ganz unbewusst: So bewegte ich mich entlang der Westküste per Bus, schlief in Vielbettzimmern oder auf der Couch von Fremden. Ich lieh Fahrräder und fuhr mit öffentlichen Verkehrsmitteln, um die weitläufigen amerikanischen Städte zu erkunden. Kaufte nur so viele Lebensmittel, wie ich verbrauchen konnte. Portobello-Pilz statt Fleischpatty auf dem Burger, Avocado statt Käse und Haferdrink statt Kuhmilch – auf dieser Reise kam ich mit einer ungekannten und damals in Deutschland nicht vorhandenen Vielfalt an veganem Essen in Berührung. Ein Jahr ernährte ich mich im Anschluss rein pflanzlich und habe darüber hinaus die Vorliebe und Offenheit für eine Ernährung ohne Tierprodukte behalten.
Wer hätte gedacht, dass im Land des unbegrenzten Konsums ganz wesentliche Grundsteine für meinen bewussten Lebensstil heute gelegt würden?!

So gelingt's: Nachhaltig und entspannt reisen mit Kindern

Es kommt der Zeitpunkt, an dem viele Eltern über einen All-inclusive-Urlaub nachdenken. Nicht etwa, weil der Entdeckergeist geschwunden ist, sondern weil so ein Kluburlaub für Kinder das bietet, was auch im Alltag zu allgemeiner Zufriedenheit führt: feste Orte und Wege, ein strukturierter, vorhersehbarer Tagesablauf mit einer Prise Erlebnisse und Besonderheiten. Pool(s), Spielkamerad*innen, kinderfreundliches Programm, Verpflegung rund um die Uhr und, und, und. Verständlich, wenn Familien diese Annehmlichkeiten an ihren freien Tagen gerne in Anspruch nehmen!

Das jedoch kostet ordentlich Ressourcen, sowohl beim Wasserverbrauch (etwa für die Spa-Anlagen, siehe auf den Seiten 9 und 10) als auch bei der

Beanspruchung von Energie und Fläche. Die Lebensmittelabfälle sind am Büfett gegenüber À-la-carte-Essen ebenso höher. Generell entstehen in der Außer-Haus-Gastronomie rund ein Drittel mehr Lebensmittelabfälle pro Kopf als bei Zu-Hause-Esser*innen (respektive Selbstverpfleger*innen).[31] Nicht selten werden beim All-inclusive-Service außerdem die dauerverfügbaren Getränke in Einwegbechern ausgeschenkt. Das sorgt für noch mehr Müll.

Wer mit dem Sommerurlaub kein Loch in die familiäre Klimabilanz reißen und auf Unabhängigkeit und Abenteuer nicht verzichten möchte, findet in den folgenden Kapiteln Inspiration. Damit vom jüngsten bis zum ältesten Familienmitglied alle einen sowohl umweltfreundlichen als auch erholsamen Urlaub erleben, helfen eine sorgfältige Vorbereitung und die richtige Einstellung.

BALANCE VON SPONTANITÄT UND PLANUNG

Kinder fragen: Was machen wir morgen? Wer eine Antwort darauf parat hat, hat das Bedürfnis nach Struktur bereits adressiert. Dabei muss nicht jeder Ausflug und jede Schlafstätte Wochen oder Tage im Voraus feststehen. Kurzfristige Routenänderungen – zum Beispiel wegen Schlechtwetter – machen den Charme von Urlaub mit Rad, zu Fuß oder mit dem Campingbus aus. Wer sein Kind auf dem Laufenden hält und in die Planänderung einbezieht, vermeidet Orientierungslosigkeit und Unsicherheit bei den Kleinsten.

FÜNFE GERADE SEIN LASSEN

Verpackungsfrei, CO_2-arm, fair und ökologisch produziert, selbst gemacht – wer sich um einen nachhaltigeren Lebens- und Konsumstil bemüht, findet sich schnell mit hohen Erwartungen und Absolutismen (von sich selbst oder

anderen) konfrontiert. Gute Angewohnheiten wie Mülltrennung, eine biologische und fleischarme Ernährung und der Kauf von saisonalen, regionalen
Lebensmitteln und Produkten müssen auch im Urlaub nicht abgelegt werden.
Aber kleine Ausnahmen können motivieren, belohnen und manche Reiberei
vermeiden, die man sonst im Alltag auf sich nimmt. Etwa das verpackte Eis
am Stiel nach einer langen Radtour, das Plastikspielzeug aus dem Souvenir-
shop auf dem erklommenen Berggipfel oder die Extrastunde Medienzeit
während einer langen Fahrt.

REALISTISCHE ERWARTUNGEN UND KOMPROMISSBEREITSCHAFT

Ob mit dem Rad, zu Fuß, mit dem Kanu, mit öffentlichen Transportmitteln oder
im Campingbus – die sozialen Medien zeigen uns ein Nomadenleben, das von
Unabhängigkeit strotzt. Heute hier, morgen da. Spontan dem Sonnenaufgang
entgegenwandern, fix das Biwak unterm Sternenhimmel aufschlagen, die
Reiseroute ad hoc umwerfen – höchstens die eigenen Ansprüche sind das Limit.
Realitätscheck: Mit Begleitung und insbesondere mit Kindern sind Rücksicht-
nahme auf und Vorrang von körperlichen Fähigkeiten, Entertainmentwünschen
und Bedürfnissen der Jüngsten zentral. Um großer Enttäuschung vorzubeugen,
helfen nur eine realistische Urlaubsplanung und Kompromissbereitschaft.

Nachhaltig nächtigen

GRÜNE UNTERKÜNFTE

Wo, wann und mit wem du reist, ist entschieden? Dann geht es nun an die Ferienfeinplanung. Zwischen Lagern unter freiem Himmel und der Verwöhn-unterkunft im Fünf-Sterne-Hotel liegen aus Erlebnis- und Nachhaltigkeitsperspektive große Unterschiede. Welche nachhaltigeren Arten der Unterkunft es gibt und wo man sie findet, zeigen die folgenden Seiten.

Die Ökobilanz von Urlaubsunterkünften

Dass die Unterkunft auf einem Campingplatz mit gemeinschaftlich genutzten Sanitäranlagen und Selbstverpflegung die Ökobilanz eines jeden Spa- und Luxusresorts schlägt, verwundert nicht. Die Ressourcen (Energie, Wasser, Fläche), die für Wellness- und Badebereich, Klimaanlage bzw. Beheizung, All-inclusive-Vorratshaltung und Büfettverpflegung, tägliche Wäsche und Reinigungsservices usw. in der Hotellerie aufgewendet werden, entfallen bei alternativen Unterkünften oder sind deutlich geringer anzurechnen. Aber auch innerhalb einer vergleichbaren Kategorie der Unterkunft sind die Bemühungen um Nachhaltigkeit sehr verschieden. Der Deutsche Hotel- und Gaststättenverband (DEHOGA) etwa hat Nachhaltigkeit längst als ökonomischen Vorteil für seine Mitglieder entdeckt und unterstützt mittelständische Hoteliers und Gaststätten mit Kampagnen und Serviceangeboten zu Umweltschutz, Energieeffizienz und bei der Vermeidung von Lebensmittelabfällen. Denjenigen, die nachhaltiger reisen, urlauben und unterkommen möchten, sind – wie in anderen Konsumbereichen auch – Siegel und Zertifizierungen eine große Hilfe.

SIEGEL, SIEGEL, SIEGEL

Im Labelguide von Tourism Watch und Partnerinitiativen, die sich für nachhaltigeres, faires Reisen einsetzen, finden sich 20 Siegel detailliert beschrieben und bewertet sowie 30 weitere wichtige Labels in einer einfachen Auflistung.[32] Teils sind die vorgestellten Siegel entsprechend den Zertifizierungsstandards des Globalen Rates für Nachhaltigen Tourismus (Global Sustainable Tourism Council) anerkannt. Dieser berücksichtigt neben der ökologischen und ökonomischen auch die soziale Dimension der Nachhaltigkeit. Neben Hotels und weiteren Beherbergungsbetrieben (Pensionen, Jugendherbergen, Campingplätzen usw.) werden auch Tourismusangebote im weitesten Sinne ausgezeichnet, wie Aktivitäten, Attraktionen, Restaurants, Transport- und Mobilitätsservices sowie Destinationen.

Der Verein Verbraucher Initiative e. V. gibt mit seinem auch als App verfügbaren Labelguide online ebenfalls Orientierung im Labeldschungel: Produkt- und Firmenlabels, Eigenmarken, Güte- und Prüfzeichen, Testlabels und Managementstandards aus unterschiedlichsten Service- und Produktkategorien werden hinsichtlich Anspruch, Unabhängigkeit, Kontrolle und Transparenz bewertet. Unter der Kategorie »Tourismus und Mobilität« werden etwa 70 Labels gelistet.[33]

Internationaler Geltungsbereich nach GSTC-Standard	*Schwerpunkt in Deutschland*
EARTHCHECK	**TOURCERT**
Hotels, Aktivitäten, Attraktionen, Restaurants, Transport und Mobilitätsservices sowie Destinationen	für Unterkünfte, Destinationen und Reiseveranstalter gelten sektorspezifische Anforderungen für Datenerhebung und Zertifizierung
GREEN GLOBE	**PARTNER DER NATIONALEN NATURLANDSCHAFTEN**
Betriebe, Konferenzzentren, Hotels, Urlaubsresorts und Attraktionen	Gastronomie und Tourismuspartner von Nationalparks wie der Boddenlandschaft in Mecklenburg-Vorpommern oder vom Biosphärengebiet Schwarzwald

BIOSPHERE RESPONSIBLE TOURISM	**GREEN SIGN**
Beherbergungsbetriebe, Restaurants, Freizeitparks, Golfplätze, Attraktionen und Ausflugsziele	Nachhaltigkeitszertifikat für Hotellerie

Die Webseiten der Labels listen die zertifizierten Betriebe auf und sind daher eine gute Anlaufstelle für die Reiserecherche.

Shareconomy: Unter fremdem Dach schlafen

Die Idee des Ko-Konsumierens ist einfach: Bestehende Ressourcen werden geteilt und dadurch effizienter genutzt. Die Ressourcennutzenden profitieren ebenso wie diejenigen, die sie zur Verfügung stellen. Beim Teilen von Unterkünften auf Zeit kann der Anreiz für Gastgebende und Gäste ein finanzieller sein – muss es aber nicht (ausschließlich).

COUCHSURFING: Das Prinzip ist ebenso wie die gleichnamige Community ein Urgestein in Dingen Gastgeben und Gastsein. Seit 2004 finden über Couchsurfing.com Reisende einen freien, unentgeltlichen Schlafplatz – meist auf dem Sofa der Hosts. Motivation ist für Surfer*innen wie Gastgebende der kulturelle Austausch.

HAUSTAUSCH: Den eigenen Wohnraum gegen fremden tauschen ist die Idee des Wohnungs- oder Haustauschs. Zunächst sollte man sich für eine der großen Communities wie Home Exchange, Love Home Swap oder Intervac entscheiden. Alle erfordern eine entgeltliche Mitgliedschaft (circa 100 Euro pro Jahr). Welcher Community man sich anschließt, entscheidet man am

besten nach anvisiertem Reiseziel. Love Home Swap und Intervac beispielsweise sind in Deutschland deutlich populärer als Home Exchange.

HOUSESITTING: Kostenfrei übernachten Reisende, die auf Haus und Hof – und meist außerdem auf Katze(n) oder Hund aufpassen, – während die Besitzer*innen selbst nicht zu Hause sind. Unter Trusted Housesitters oder workaway.info können sich Haus(tier)hüter*innen und Gastgebende gegen eine jährliche Gebühr (zwischen 40 und 100 Euro für »Sitter«) registrieren und finden. Ein Plus: kostengünstige Unterkunft in häufig tollen Domizilen. Nachteile: nicht selten weit ab vom Schuss und mit öffentlichen Verkehrsmitteln nicht zu erreichen. Der Aufenthalt ist an die Reisezeit der Gastgebenden gebunden.

SOCIALNB: Das innovative Buchungsportal vermittelt weltweit Übernachtungsmöglichkeiten in ungenutzten Räumlichkeiten bei lokalen Nichtregierungsorganisationen (NGOs). Die Einnahmen fließen in die Arbeit der jeweiligen Organisation.

HOMESTAYS: Ein privater Haushalt nimmt Gäste aus fremden Ländern und Regionen für eine bestimmte Zeit in den eigenen vier Wänden auf. Mehr noch: Man isst, plaudert und lebt gemeinsam. Die Gäste erleben die Kultur vor Ort ganz nah. Die Idee entstammt schulischen und universitären Austauschprogrammen, doch anders als diese beruhen Homestays nicht auf Gegenseitigkeit. Diejenigen, die zeitweise leer stehende Wohnflächen als Unterkunft anbieten und zur Teilnahme an ihrem Leben einladen, erheben eine Gebühr. Durch die Vermietung refinanzieren sie den ungenutzten Wohnraum oder den nächsten eigenen Urlaub.

Diese Art von Unterkunft findet man zum Beispiel unter Homestay.com. Auch der heutige Shareconomy-Gigant Airbnb ist mit dieser Idee gestartet: Gäste »crashen« auf der Luftmatratze (engl.: Airbed). Inzwischen tummeln sich auf der Plattform aber nicht nur private, sondern auch gewerbliche Anbieter. Vielerorts sind Airbnb-Unterkünfte nicht mehr eine Ergänzung zu den Beherbergungsbetrieben, sondern Konkurrenz, die lokale Sozialstandards unterwandert. Die Kurzzeitvermietung als lukratives Geschäft befeuert in Großstädten und beliebten Reiseregionen zudem die Wohnungsknappheit und treibt Mietpreise in die Höhe. In französischen Großstädten mit mehr als 200.000 Einwohner*innen gibt es daher für Airbnbs eine Genehmigungspflicht. In Palma de Mallorca dürfen Privatwohnungen seit 2018 nicht mehr an Tourist*innen vermietet werden, weil die Mieten in dem Tourismuszentrum für Einheimische zu teuer geworden sind.

TIPP: Wer ohne schlechtes Gewissen über Airbnb und Co. buchen möchte, sollte genau hinschauen. Die Fotos und Beschreibung der Unterkünfte wie auch die Profile der Gastgebenden lassen durchaus darauf schließen, ob es sich um gewerbliche Anbieter*innen handelt oder tatsächlich um Privatpersonen, die viel auf Achse sind und ihre Wohnflächen deswegen zeitweise anbieten.

Campieren: Heute dort, morgen woanders

Das Schlafen in Hängematte, Zelt, dem ausgebauten Bus oder Wohnmobil verspricht Abenteuer pur. Der große Vorteil am Campingurlaub ist die Flexibilität: Spontane Routenänderungen, Verkürzung oder Verlängerung des Aufenthalts sind umstandslos möglich. Lediglich wenn man einen bestimmten Ort für die Nacht ins Auge gefasst hat, sowie in besonders beliebten Reiseregionen sollte man vor der Anfahrt anrufen und sich ein Plätzchen reservieren. Wer die Campingplatzatmosphäre schätzt, aber doch lieber ein festes Dach über dem Kopf hat, findet eine muckelige, einfache und meist preisgünstige Unterkunft in sogenannten Mobile Homes oder Campingfässern. Wer erst einmal in die Campingplanung einsteigt, wird feststellen: Campingplätze gibt es nahezu überall und en masse. Doch wie findet man die Perlen?

ECOCAMPING: Die gleichnamige Initiative zertifiziert ökologische Campingplätze in Europa. Die ausgezeichneten Plätze sind besonders naturnah gelegen und ausgestattet. Auf den Plätzen steht man nicht eng an eng und auf Quadratkilometern versiegelter Betonfläche. Neben der Nähe zur Natur versprechen Ecocamping-zertifizierte Plätze Energieeffizienz, Ressourcenschonung und regionale Verankerung. Beispielsweise erinnern Schilder daran, Wasser sparend abzuwaschen und Müll zu trennen, und die morgendlichen Brötchen kommen von der nächstgelegenen Biobäckerei.

COOL CAMPING: Nicht zwingend öko, manchmal aber schon und tatsächlich immer cool sind die Plätze, die in den Cool-Camping-Führern von der Atlantikküste bis zu den Inseln Griechenlands beschrieben werden. Eine fein kuratierte Selektion an Campingplätzen – häufig nicht ganz preisgünstig, aber immer besonders. Hier findet man zum Beispiel das Hipster-Camp an der Schnitzmühle im Bayerischen Wald mit Schwimmteich, Lagerfeuer und Biorestaurant, einen Hippie-Campingplatz unterhalb des Kletterparadieses Zellerwand in Österreich, ein lauschiges Plätzchen unter hochgewachsenen Fichten im Harz bei Schierke und viele mehr.

STELLPLATZ-APPS: Wer auf vier Rädern und mit Sanitäranlage an Bord fährt, ist nicht unbedingt auf Toilettenhäuschen, Wasser- und Stromanschluss angewiesen. Dann kommen auch Stellplätze außerhalb von Campingplätzen infrage. Im Landvergnügen-Guide und zugehöriger App sind über 1.000 idyllische Reiseziele für Wohnmobil, Wohnwagen oder Campingbus in Deutschland gelistet. Nach telefonischer Voranmeldung, häufig kostenfrei oder gegen einen geringen Betrag, darf man auf dem Gelände der teilnehmenden landwirtschaftlichen Betriebe nächtigen. Diese freuen sich, wenn man im Gegenzug das eine oder andere hofeigene Produkt einkauft oder das gastronomische Angebot nutzt. Mit dem Handbuch erwirbt man sowohl den Zugang zur App als auch eine Plakette, die zur Nutzung des Landvergnügen-Angebots berechtigt. **MEIN TIPP:** Sichere dir früh ein Exemplar, denn die Verfügbarkeit ist begrenzt! Im Super-Camping-Jahr 2020 waren bereits im Juni keine Stellplatzführer mehr erhältlich.

Stellplätze auf Bauernhöfen, Wald- und öffentlichen Parkplätzen, besondere Wohnmobilparkplätze sowie Campingplätze findet man auch in den Apps Park4Night und Campercontact. Beide Apps werden von Nutzer*innen sehr gut gepflegt, sodass man zu den meisten verzeichneten Orten neben der Zahl der Stellplätze, den GPS-Koordinaten, vorhandenen Serviceleistungen und gegebenenfalls Preisen auch Erfahrungswerte und Fotos einsehen kann.

Wir sind im Sommer oft mit dem Campingbus unterwegs. In der Eifel haben wir auf einem Ziegenhof genächtigt. Die am Vortag geborenen Zicklein zu bestaunen war für unsere Tochter ein ganz besonderes Erlebnis. Nahe des viel bevölkerten Bodensee fanden wir auf der Weide eines Demeterhofs einen kostengünstigen Stellplatz für die Nacht. Neben uns campierte nur ein weiterer Bulli. Den ersten Kaffee am nächsten Morgen gab es zu Kuhmuhen und freiem Blick aufs Feld. Diese tollen Orte haben wir im Landvergnügen-Reiseführer entdeckt.

Die App Campercontact hat uns in Dänemark und Schweden viele kostenfreie Stellplätze finden lassen: Am Vätternsee standen wir zwischen Mitcampierenden mit herrlichstem Blick auf den See, umgeben von rot-weißen Schwedenhäuschen und in Spazierdistanz zu einer alten Mühle und einem einsamen Strand. Dort stürzten wir uns am Morgen ins eiskalte Wasser – was für ein Aufwachen! Über die App haben wir nicht nur sichere Parkplätze gefunden, die meist sogar mit Toilette und fließend Wasser ausgestattet waren, wir haben auch Sehenswürdigkeiten entdeckt wie das Naturum des Store Mosse Nationalparks. In dem Informationszentrum mit Blick auf Südschwedens größtes Moor haben wir einen lehrreichen Nachmittag verbracht und abends auf dem Parkplatz das Zeltdach unseres Campingbusses aufgeschlagen.

Park4Night war uns auf unseren letzten beiden großen Touren mit geliehenem Campingvan vor allem in Süddeutschland, Österreich und Slowenien eine große Hilfe. Wir wären nie auf die Idee gekommen, auf dem tagsüber vollen, nachts aber leeren Parkplatz direkt an der Donauquelle im Schwarzwald zu rasten. Und den Alpakahof in der Fränkischen Schweiz hätten wir im Corona-Sommer 2020 mit ansonsten übervollen Campingplätzen sicher auch nicht ausfindig gemacht. Hier empfing man uns freundlich, schnackte über die Alpakazucht und entließ uns am nächsten Tag mit der Bitte, statt Geld für den Stellplatz zu zahlen, lieber ein paar der geknipsten Fotos zu schicken.

POP-UP CAMPS: Vom Platz unter Baggern über die Wiese direkt am Strand bis zum Burghof – auf dem Onlinemarktplatz Pop-Up Camps finden Vanlifer außergewöhnliche temporäre Campflächen. Die Idee entstand im Frühling 2020, als sich abzeichnete: Das Pandemiejahr wird das Jahr des Campingurlaubs. Etwa 45 Prozent mehr Neuzulassungen von Wohnmobilen gegenüber 2019 vermeldete der Caravaning Industrieverband Deutschland (CIVD).[34] Diese finden nun zusätzlich auf ungenutzten Flächen von privaten Anbieter*innen Platz. Das Angebot richtet sich insbesondere an Campierende, die sich autark versorgen können.

LAGERN UNTER FREIEM HIMMEL: Das Schlafen unter freiem Himmel ist in Deutschland per se nicht verboten – anders das wilde Zelten oder Campieren. Was allerdings als Lagern gilt und wo es gestattet ist, regeln die Naturschutz- und Waldgesetze der Bundesländer. Mancherorts ist ein Tarp, eine an den Seiten offene Planenkonstruktion zum Regenschutz, über der Schlafstätte erlaubt – andernorts nicht. So unterschiedlich die Vorgaben sind, so verschieden hoch fallen die Bußgelder bei entdeckten Verstößen aus. Vom Übernachten in Naturschutzgebieten jeglicher Art sollte man grundsätzlich Abstand nehmen – oder sich auf Strafen von bis zu 5.000 Euro einrichten. Falls es im Wald zur Begegnung kommt, spricht die oder der zuständige Förster*in oder Jäger*in ein Machtwort und bisweilen einen Platzverweis aus.

LIEBER SO: Zunehmend gibt es hierzulande Naturlager. Diese findet man auch unter den Begriffen »Wildcamping«- oder »Trekkingplatz«. Vorangemeldet und gegen eine geringe Gebühr von 5 bis 10 Euro darf man dort für eine Nacht Lager oder auch Zelt aufschlagen und findet bisweilen sogar eine minimale Infrastruktur, wie Plumpsklo oder Feuerstelle. Recherchieren lassen sich diese Lagerplätze über lokale Tourismusverbände und einschlägige Wander- und Outdoorblogs. Unter Jedermannsland.de kann man Naturlagerplätze nach Bundesländern anzeigen lassen. Im Nachbarland Dänemark ist man bereits organisierter: Der zentrale Tourismusverband führt auf seiner Webseite über 500 offizielle Naturlagerplätze auf.

1Nite Tent ist eine Gemeinschaft von etwa 400 deutschen Zeltfreund*innen und weiteren in benachbarten europäischen Ländern, die einen kostenfreien Platz im heimischen Garten oder auf anderen privaten Flächen anbieten.

Feste Basis: Vom Bauernhof bis zum Biohotel

Nicht für jede*n sind der Nomadenlifestyle und die ausschließliche Selbstversorgung im Urlaub das Nonplusultra. Mal nicht selbst um die Aufgaben des Haushalts kümmern, sich bewirten lassen, für sich sein und einen festen Rückzugsort in der Fremde haben – diese Wünsche erfüllen Hotellerie und kleine Beherbergungsbetriebe.

GRÜNE BUCHUNGSPLATTFORMEN: Auf Onlinemarktplätzen für nachhaltigere Unterkünfte findet man auf einen Blick Hotels, Pensionen, Ferienwohnungen, Campingplätze und Privatzimmer, die bestimmte Nachhaltigkeitskriterien erfüllen. Book it green etwa bewertet die Beherbergungsbetriebe nach 15 Nachhaltigkeitskriterien, wie zum Beispiel:

 ökologische Reinigungsmittel

 regenerative Wärme- oder Stromerzeugung

 Regenwasser aufbereiten

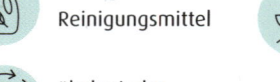 ökologische Bauweise

 durch Mülltrennung werden mehr als 80 Prozent des anfallenden Mülls recycelt

 Wassersparhähne

kein Einweggeschirr

 biologische Lebensmittel

langlebige Gegenstände

 mit öffentlichen Verkehrsmitteln erreichbar

 energiesparende Beleuchtung

Wenn eine Unterkunft vier dieser Merkmale erfüllt, erhält sie ein grünes Blatt. Maximal fünf grüne Blätter können die Unterkünfte verliehen bekommen. Durch die beschriebenen Maßnahmen werden laut Book it green pro Gast und Nacht durchschnittlich 90 Liter frisches Wasser und sechs Kilogramm CO_2 gespart. Zusätzlich pflanzt das Unternehmen pro Unterkunft und Jahr einen Baum.

Noch höhere CO_2- und Wassereinsparungen schreibt das Buchungsportal Ecobnb seinen gelisteten Unterkünften zu: Demnach sparen Gäste im Schnitt 302 Liter frisches Wasser und acht Kilogramm CO_2. Auch Ecobnb bewertet die Gastgebenden nach Nachhaltigkeitskriterien. Maximal zehn Kriterien können, mindestens fünf müssen für ein Listing erfüllt sein.

LANDPARTIE: Über 4.000 Bauernhöfe und Landquartiere in Deutschland und Europa versammeln sich auf LandReise.de. 128 fallen in die Kategorie »Land-grün«, die portaleigene Auszeichnung von Höfen, die besonders nachhaltig agieren. Bio-, Winzer- und Reiterhöfe, Berghütten, Heuherbergen und Landhotels – die Zahl und Art der Unterkünfte ist groß, sodass auch für den Urlaub in nächster Nähe eine geeignete, naturnahe Unterkunft auf dem Land gefunden werden kann.

BIOHOTELS: Unter dem Dach des Vereins BIO HOTELS haben sich ebensolche Betriebe zusammengeschlossen, die sich als besonders nachhaltige Möglichkeit zu nächtigen verstehen. Der Verein zählt 90 Hotels in sieben europäischen Ländern, davon etwa 50 in Deutschland. Für die Mitgliedsbetriebe gelten verbindliche Nachhaltigkeitsstandards, deren Einhaltung sowie Fortschritte der Verein alle zwei Jahre kontrolliert. Viele Destinationen seien so bereits klimaneutral oder gar klimapositiv.

GANZ BESONDERE UNTERKÜNFTE: Nicht überall, wo nachhaltig drin ist, steht es auch lautstark drauf. Die Unterkunft auf kleinstem Raum beispielsweise ist besonders ressourcenschonend, aber auch ein Erlebnis für sich: Zirkuswagen, Baum- und andere Tiny-Häuser versammeln sich auf Buchungsplattformen, die sich auf die Vermittlung von außergewöhnlichen Unterkünften und Glamping spezialisiert haben. Viele solcher Angebote findet man in Großbritannien, zum Beispiel unter Canopy And Stars und Coolstays. Glampings.de führt über 1.000 Unterkünfte verschiedener Anbieter, die sich zwischen Camping und Glamour bewegen und in Deutschland und darüber hinaus lokalisiert sind.

KURATIERTER URLAUB: The Niche Traveller ist ein Reiseklub für »luxuriösen Familienurlaub«. Familienfreundliche und nachhaltige Hotels und Villen, maßgeschneiderte Reisen und authentische Erlebnisse verspricht der Klub. Die Mitgliedschaft und damit die Leistung der Reiseplanung kostet mindestens 350 Euro jährlich. Dafür müssen sich viel beschäftige Familien lediglich ums Kofferpacken kümmern. Je nach Budget sowie Reise- und Nachhaltigkeitswünschen werden Planung und Buchung der Reise vom Anbieter übernommen.

ONLINE NACHHALTIG

Wer nicht (ausschließlich) auf Pauschalreiseangebote setzen möchte, kommt um Internetrecherche nicht herum. Nachhaltiger als mit dem Google-Giganten lassen sich Fragen mit diesen Suchmaschinen beantworten:

SUCHEND BÄUME PFLANZEN MIT ECOSIA: Die Suchmaschine war die erste zertifizierte B-Corporation Deutschlands. Das gemeinwohlorientierte Unternehmen hat seit seiner Gründung in 2009 über 122 Millionen Bäume gepflanzt (Stand März 2021). Neu ist die Funktion »Ecosia Hotelsuche«, die viele Suchportale miteinander vergleicht. Nimmt man darüber eine Buchung vor, pflanzt Ecosia von dem Erlös 25 Bäume.

NACHHALTIGE ENTWICKLUNG FÖRDERN MIT DER SUCHE ÜBER GEXSI: Mit seinen Erlösen unterstützt die B-Corporation mit Standorten in Berlin und Freiburg seit 2018 Projekte und Start-ups, die ihr Tun an den 17 Nachhaltigkeitszielen der Vereinten Nationen (SDGs) ausrichten. Eines der vorgestellten und bespendeten Projekte ist beispielsweise Socialnb (siehe Seite 43).

MIT DER LILO-SUCHE EIGENE HERZENSPROJEKTE FÖRDERN: Bei der französischen Suchmaschine Lilo sammelt man suchend Tropfen. Diese kann man Projekten zuweisen, deren Zwecke man befürwortet. Man kann sogar selbst zu unterstützende Projekte vorschlagen.

Ecosia, Gexsi und Lilo haben gemeinsam, dass sie über die Gemeinwohlorientierung hinaus hohe Datenschutz- und Privatsphärestandards haben, dass sie CO_2-neutral arbeiten und hinsichtlich Einnahmen, Ausgaben und finanzierter Projekte bemerkenswerte Transparenz zeigen.

Im Gepäck

GRÜNE REISEUTENSILIEN

Der Urlaub rückt näher und damit auch das Ich-packe-meinen-Koffer-Spiel. Was konkret mitdarf und -muss, richtet sich nach der Wahl des Transportmittels, der Art der Unterkunft und den erwarteten Wetterverhältnissen. Packlisten für das Reisen zu Fuß, auf dem Rad, mit öffentlichen Verkehrsmitteln, im Campingbus oder zu Wasser finden sich in den Unterkapiteln zum Reisen ohne Flugzeug (ab Seite 82). Kleidung, Kosmetik- und Hygieneartikel gehören in jede Tasche oder Rucksack. Ob anlässlich des Urlaubs oder im Alltag gekauft – jeder Kassenbon kann ein Stimmzettel für mehr Nachhaltigkeit sein.

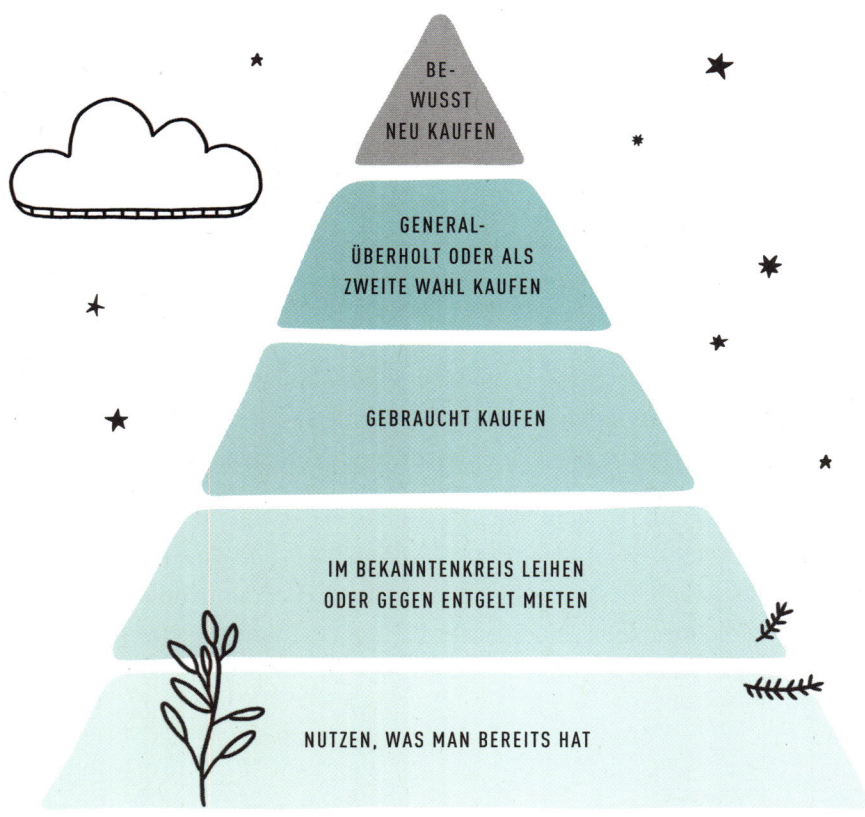

BE-
WUSST
NEU KAUFEN

GENERAL-
ÜBERHOLT ODER ALS
ZWEITE WAHL KAUFEN

GEBRAUCHT KAUFEN

IM BEKANNTENKREIS LEIHEN
ODER GEGEN ENTGELT MIETEN

NUTZEN, WAS MAN BEREITS HAT

Alternativen zum Neukauf

Ob Wanderrucksack oder Fahrradtaschen, Technik, spezielle Outdoor- und Sportkleidung und -equipment oder gar der Campingbus – nachhaltiger als mit dem Flugzeug zu reisen erfordert bisweilen einiges an Ausstattung, die noch nicht zum eigenen Hausstand gehört.

LEIHEN STATT KAUFEN: Am nachhaltigsten ist zu nutzen, was bereits vorhanden ist. Viele Dinge finden sich in den Hobbyräumen, Kellern und Dachböden des eigenen Bekanntenkreises und können gratis ausgeliehen werden. Fachgeschäfte bieten Leihservices für hochpreisige Ausstattung an. Der Verein outdooRent e. V. bringt Menschen zusammen, die Ausrüstung besitzen, und solche, die auf der Suche nach Ausrüstung sind. Mitglieder können kostenfrei oder gegen eine moderate Gebühr Outdoorequipment borgen.

Das Ausleihen von nicht regelmäßig Genutztem spart Kosten und Nerven. Denn der Wartungsaufwand, den Besitz fordert, ist nicht zu unterschätzen. Dabei suchen wir meist nur nach temporärer Zweckerfüllung. Leihen ist auch eine Möglichkeit, Erfahrungen zu sammeln und eigene Präferenzen kennenzulernen. Vielleicht stellt man fest, dass man doch gar nicht der Typ für Urlaub zu Wasser ist. Dann war der Kauf von Kanu, Rettungswesten und Neoprenanzug überflüssig. Oder man radelt lieber auf asphaltierten Wegen auf einem Rennrad statt über Stock und Stein auf einem Mountainbike?

KAUF AUS ZWEITER HAND: Urlaub ist leider kein Dauerzustand. In diesem Zusammenhang angeschaffte Gegenstände werden oft nur selten genutzt. So kann man vieles gebraucht und dennoch in sehr gutem Zustand erwerben. Über Secondhandplattformen wie eBay Kleinanzeigen und Vinted findet man neben gut Gepflegtem auch Neuware. Die virtuellen Marktplätze erlauben das Einstellen von individuellen Suchen und Benachrichtigungen, wenn passende Inserate auftauchen. **KNIGGE-TIPP:** Bei Privatverkäufen gibt es häufig einen preislichen Spielraum. Selbst wenn ein Festpreis angegeben ist, kann man es mit einem konkreten Vorschlag versuchen. Absoluter Verkaufskiller sind hingegen »Letzter Preis?«-Anfragen. Das Gebot sollte nicht weniger als 70 Prozent des aufgerufenen Preises betragen. Alles darunter wird als unverschämt wahrgenommen, und im Zweifel geht das ersehnte Teil an jemand anderen.

WIEDERAUFBEREITET UND ZWEITE WAHL: Smartphones, Kamera und Zubehör wie Objektive, Drohne und Co. lassen sich statt neu refurbished (wiederaufbereitet) kaufen – mit Garantie und zu einem geringeren Preis. Back Market und Refurbed sind auf dem deutschen Markt mit einem großen Portfolio an generalüberholten Technikprodukten und Modellen vertreten. Hier stehen zumeist Geräte zum Verkauf, die als Arbeitsgeräte oder als Ausstellungsstücke und daher nur begrenzt genutzt wurden. Auch Fahrräder, die zur Vorführung auf Messen oder im Geschäft eingesetzt wurden, kann man über die Hersteller direkt oder den Handel gut als zweite Wahl und mit einem saftigen Rabatt kaufen.

BEWUSSTER NEUKAUF: Nicht alles findet man geliehen oder gebraucht, und manches, etwa körpernahe Textilien wie Funktionsunterwäsche, Fahrradhandschuhe oder -helm, möchte man aus Hygienegründen neu kaufen. Mit ein wenig Recherche lassen sich in nahezu allen Produktkategorien auch Marken finden, die auf eine ressourcen- und umweltschonende, transparente, fair entlohnte und sichere – kurzum ethische – Produktion setzen. Nicht immer können diese Hersteller und deren Produkte in allen Nachhaltigkeitsdimensionen 100 Prozent erreichen – das ist auch okay.

Ein Beispiel: Fairphone bemüht sich, ein fair produziertes, langlebiges Smartphone anzubieten. Bei aller Modularität und der Nutzung recycelter Materialien kommt aber auch dieses Gerät nicht ohne Komponenten aus

seltenen Erden und Edelmetallen aus. Das Schürfen solcher Rohstoffe ist ein schmutziges Geschäft, das Mensch und Umwelt gefährdet und schadet. Fairphone investiert in Transparenz und Partnerschaften, um mehr und mehr konfliktfreie Mineralien zur Herstellung nutzen zu können – ein langwieriger Prozess.

Achtung, Greenwashing?!

Das Versprechen von reuelosem, sozial und ökologisch nachhaltigem Konsum lässt längst nicht mehr nur die klassischen LOHAS-Käufer*innen (Lifestyle Of Health And Sustainability) die Geldbörse zücken. Neben den Marken und Unternehmen, die sich wirklich um nachhaltigere Produkte und Services bemühen, gibt es auch schwarze Schafe.

Gehen Unternehmen nicht weiter, als »grün« und »fair« über Ökosprech und vereinzelte, öffentlichkeitswirksame Charityaktionen zu symbolisieren, liegt der Verdacht des Greenwashings nahe. Dass Unternehmen das Geschäft mit dem guten Gewissen versuchen, ist dabei nicht verwunderlich. Auch ist es durchaus rechtskonform. Denn die Kommunikation von umweltbezogenen Produktinformationen passiert in erster Linie auf freiwilliger Basis, bestenfalls nach selbstauferlegten Umweltmanagementnormen wie der ISO 14020.[35] Lediglich irreführende und damit wettbewerbsunlautere Werbeaussagen können vor dem Gesetz beklagt werden – doch dafür braucht es auch erst einmal Klagende. Oft finden sich Umwelt- und Verbraucherschutzorganisationen in dieser Rolle und drängen Unternehmen über Aufklärungskampagnen bis hin zu Rechtsklagen dazu, Greenwashing zu unterlassen und stattdessen ihre Öko- und Sozialversprechen einzuhalten. Trotz des Engagements solcher Organisationen und Initiativen bewegen sich die, die fair und grün konsumieren wollen, in einem Dschungel aus schwammigen Produktversprechen.

WERBEAUSSAGEN, DIE HINTERFRAGT WERDEN SOLLTEN

»Wir verpflichten uns zu einer umweltfreundlichen Produktion / fairen Arbeitsbedingungen / …«

Nach solchen Claims sollten immer weitere Informationen folgen! Gibt es unabhängige Audits? Können deren Bewertungsverfahren und Ergebnisse öffentlich eingesehen werden? Oder beruht das Versprechen auf einer reinen Selbstverpflichtung, auf deren Einhaltung man lediglich vertrauen kann?

»Aus Plastik aus den Ozeanen«

Textilfasern oder Material aus recyceltem Plastik, welches zuvor aus den Ozeanen gefischt wurde – das ist Umweltengagement in Perfektion! Dennoch sollte man insbesondere bei Claims, die einen solch (kosten)aufwendigen Materialgewinnungsprozess bewerben, zweimal hinschauen und auf Anteile achten! Macht die beworbene Komponente die Basis des Produkts aus, oder handelt es sich tatsächlich nur um einen verschwindend geringen Anteil?

»vegan«

Eine Tasche aus Polyvinylchlorid (PVC) ist frei von tierischen Bestandteilen. Dem Umweltschutz ist damit aber nicht gedient. Und ob die Tasche unter für Menschen fairen Bedingungen produziert wurde, geht aus diesem Produktversprechen auch nicht hervor.

»Unsere Produkte tragen das Siegel …«

Handelt es sich bei dem kreisrunden Motiv auf der Produktverpackung tatsächlich um ein offizielles Siegel? Nach welchen Normen oder Richtlinien wurde zertifiziert? Wurde das Produkt, dessen Rohstoffbasis oder der Produktionsprozess bewertet? Häufig decken Zertifizierungen nur einen Teil der Wertschöpfungskette ab. Beispiel: Das Fairtrade-Certified-Cotton-Siegel garantiert *nur* faire Arbeits- und Handelsbedingungen für Kleinbäuer*innen, Genossenschaften und Plantagenarbeiter*innen in der Baumwollproduktion. Unter welchen Bedingungen die Weiterverarbeitung bis zur tragbaren Kleidung stattfand – darüber sagt dieses Siegel nichts aus. Siegelklarheit findet man über die gleichnamige App vom Bundesministerium für wirtschaftliche Zusammenarbeit und Entwicklung (BMZ).

Es gibt bestimmte Siegel, denen ich inzwischen blind vertraue. Das erleichtert insbesondere alltägliche Konsumentscheidungen. Beim Einkauf von Lebensmitteln, Drogerieartikeln und Verbrauchsgütern achte ich häufig nur darauf, dass sie ein Siegel aus meinem persönlichen »Vertrauensindex« tragen. Welche Siegel man für sich selbst hier listet, hängt auch davon ab, auf welche Nachhaltigkeitsaspekte man besonderen Wert legt.

Unabhängig davon, welche Zertifizierungen oder Mitgliedschaften und dafür stehende Siegel für einen selbst nun relevant sind, lohnt ein kritischer Blick auf die Siegelgüte. Kriterien sind für mich etwa Transparenz und externe Kontrolle. Heißt: Dass nicht alle relevanten Informationen auf der Produktverpackung oder einem Hangtag Platz haben, ist in Ordnung. Aber finde ich leicht zugänglich weitere Informationen zur Bewertung des Produktes oder des Unternehmens, beispielsweise über einen QR-Code? Gibt es Audits in den Produktionsstätten und Tests der Produkte in Laboren, z. B. auf Schadstoffe? Auch regelmäßige Bewährungsproben gehören für mich zur Siegelgüte. Was nützt ein einmalig und für immer gültiges Siegel? Und schließlich: Je umfassender und anspruchsvoller die Liefer- und Wertschöpfungskette untersucht und bewertet wurde, desto größer ist die Aussagekraft eines Labels. Ein Siegel, das nur die Erfüllung gesetzlicher Mindeststandards prüft oder sich lediglich auf eine Komponente eines Produktes bezieht wie die Verpackung, finde ich nicht hilfreich.

»bio«

Bio-was? Biobasiert? Aus Rohstoffen aus ökologischem Anbau? Hier kann ein meilenweiter Unterschied bestehen. Biobasierte Produkte – etwa aus Biokunststoff – können auch auf Basis von industriellem Mais bestehen, der mit Gentechnikeinsatz aus Monokulturen stammt. Oder doch bio, wie bioabbaubar? Genau hinschauen!

»kompostierbar«

Das Versprechen der Kompostierbarkeit wird von Herstellern oft mit der Produkteigenschaft der biologischen Abbaubarkeit gleichgesetzt. Die ist zum Beispiel bei Reinigungs- und Waschmitteln, Kosmetik und anderen Produkten sinnvoll, die über das Abwasser oder über das Baden in Gewässern in unseren Wasserkreislauf gelangen können (siehe zum Beispiel die Problematik mit Sonnencreme auf den Seiten 36 und 37). Ökologischer Vorteil von Bioabbau- wie Kompostierfähigkeit ist also, dass Stoffe nicht in der Umwelt zurückbleiben und diese schädigen. Bei der Kompostierung sollen Mikroorganismen Stoffe aber nicht nur tilgen. Es entsteht – wie der Name sagt – darüber hinaus auch noch nährstoffreicher und daher wertvoller Kompost. Das Verwertungssystem von kompostierfähigen Abfällen funktioniert in Deutschland über die Biotonne oder den Hauskompost im eigenen Garten. In der braunen Tonne jedoch sind in der Regel nur Küchen- und Schnittabfälle erlaubt. In wenigen Regionen sind auch als kompostierbar zertifizierte Biomülltüten zulässig. Verpackungsmaterial und erst recht langlebige Güter wie Kleidung und Geschirr haben in der Biotonne hingegen nichts zu suchen. Im Gegenteil: Bei solchen Produkten sollte eher auf Recyclingfähigkeit geachtet werden!

»aus nachwachsenden Rohstoffen«

Mit dem Einsatz von nachwachsenden Rohstoffen werden fossile Ressourcen geschont. Das ist gut, sofern wir auch zukünftigen Generationen die vielen

Freuden und Bequemlichkeiten gönnen möchte, die sich aus fossilen Rohstoffen ergeben. Dieses Kaufargument beruht also zunächst auf der ökonomischen Nachhaltigkeitssäule. Über einen ökologischen Vorteil sagt der Claim aber per se nichts aus. Der Vergleich der Ökobilanz zwischen einem biobasierten und einem erdölbasierten Produkt muss nämlich nicht zwingend zugunsten des aus nachwachsenden Rohstoffen bestehenden ausfallen.

»umweltschonend und -freundlich«

Worte wie diese erregen die Aufmerksamkeit von bewusst Kaufenden. Ohne nähere Erläuterung und Belege bleiben sie jedoch schwammig und lassen einen großen Raum für Interpretation. Lass dich auch nicht visuell in die Pfanne hauen: Nur weil ein Baum oder eine sonstige Bildmetapher für Natur und Umwelt auf der Verpackung prangt, muss der Inhalt nicht zwangsweise vor Umweltschutz und Engagement strotzen.

»fair produziert«

Für die Produktionsbedingungen gilt dieselbe Frage wie für Umweltclaims: Gibt es unabhängige Zertifizierungen oder Audits?

Ethische Mode – besser angezogen unterwegs

Einen großen Teil des Reisegepäcks nimmt Bekleidung ein. Kleidung, Schuhe und Accessoires, die unter sozialen Bedingungen und umweltfreundlich produziert wurden, sind unterschiedlich verschlagwortet.

ÖKOMODE fokussiert auf eine umweltschonende Textilproduktion durch den ökologischen Anbau der natürlichen, textilen Rohstoffe, z. B. Biobaumwolle. Auch bei den weiteren Produktionsschritten, wie der Aufbereitung, Färbung, Veredelung und Verarbeitung, sind umweltschonende Prozesse zentral. Wird auf Umweltfreundlichkeit in der Textilproduktion geachtet, hat dies auch positive Auswirkungen auf die Arbeitsbedingungen derjenigen, die an der Herstellung der Kleidung beteiligt sind.

Insbesondere sichere und faire Bedingungen für Textilarbeiter*innen verspricht als **FAIR FASHION** gekennzeichnete Mode. Was wie eine Selbstverständlichkeit klingt, ist fast ein Jahrzehnt nach dem größten Unfall – oder vielmehr Verbrechen – in der Textilgeschichte noch nicht Realität. 2013 verloren beim Einsturz der baufälligen Fast-Fashion-Textilfabrik Rana Plaza in Bangladesch über 1.100 Näher*innen ihr Leben. Entschädigungszahlungen und Maßnahmen, um die Gesamtsituation zu ver-

bessern, ließen auf sich warten.[36] Auch seitens deutscher Firmen – immerhin fünf der über 30 Unternehmen, die in Rana Plaza produzieren ließen.[37] Getan hat sich dennoch etwas: Seither setzt sich der Verein Future Fashion Forward unter der globalen Fashion Revolution Initiative für fairere und sicherere Arbeitsbedingungen in der Textilbranche ein. Erstes und wichtigstes Ziel der Organisation: Aufmerksamkeit für die Missstände generieren.

ETHICAL FASHION vereint die Zielsetzungen der drei Nachhaltigkeitsdimensionen und entlang der gesamten Wertschöpfungskette von der Rohstoffproduktion bis zur Vermarktung.

Unter **SLOW FASHION** verorten sich solche Marken und Anbieter, die den Blick auf die gesamte Lebensspanne des Modeartikels ausweiten. Die Nutzung recycelter Textilien (Upcycling-Ansatz), sparender Material- und Ressourceneinsatz sowie Langlebigkeit der Produkte (Reduce- und Repair-Ansatz), Wiederverwendung (Reuse-Ansatz, zum Beispiel Mode aus zweiter Hand) und schließlich Wiederverwertung (Recycling-Ansatz oder auch Kreislaufwirtschaft) summieren sich unter »langsamer Mode«.

»Buy less, choose well, make it last.« – **VIVIENNE WESTWOOD**

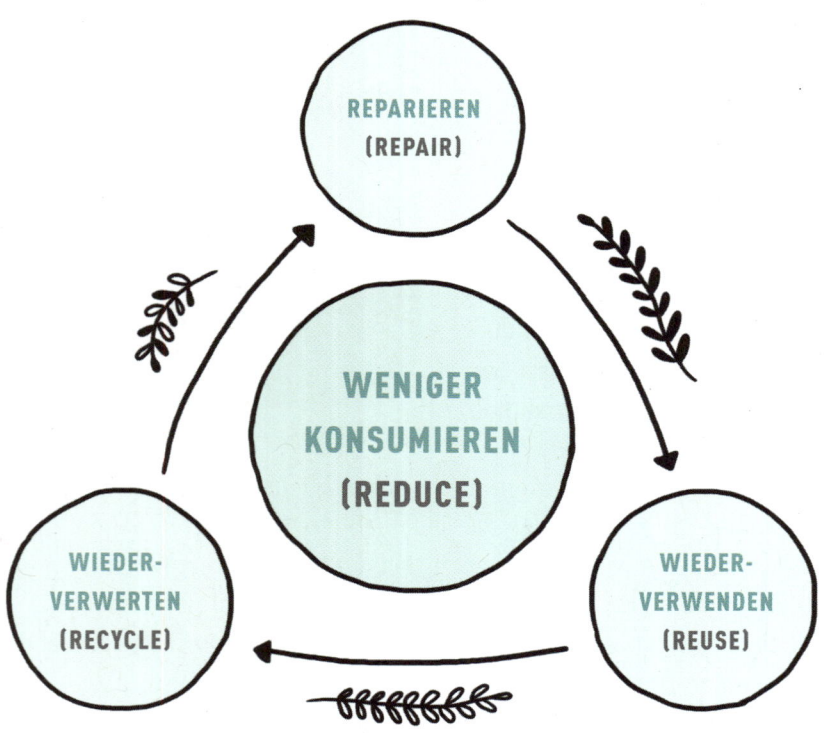

WAS TEUER IST, MUSS GUT SEIN?

Leider fließt der Aufpreis bei Mode namenhafter Marken häufig weder in die hochwertige, faire und sichere Verarbeitung noch in die umweltfreundliche und soziale Produktion der Rohstoffe, Textilien und Materialien. Über Missstände in der Wertschöpfungskette bei Marken zu Luxuspreisen wie Hugo Boss informierte zuletzt 2017 die Kampagne für saubere Kleidung (Clean Clothes Campaign).[38] In der bundesweiten Kampagne engagieren sich gewerkschaftliche, christliche, feministische und weitere Vereine und Initiativen. Auch wenn ihre Schwerpunkte verschieden liegen – das gemeinsame übergeordnete Ziel ist eine nachhaltige Liefer- und Wertschöpfungskette in der Mode- und Textilindustrie.

Für ein Lieferkettengesetz setzt sich eine gleichnamige Initiative ein, damit Unternehmen für eklatante soziale und ökologische Missstände bei Zulieferern gesetzlich zur Verantwortung gezogen werden können. Zukünftig soll es ihnen wirtschaftlich wehtun, Profit durch Gefährdung der Gesundheit und gar des Lebens von Arbeitskräften von Zulieferern zu maximieren. Dem in 2021 inzwischen beschlossenen Gesetz gehen Jahre des Ringens zwischen verschiedenen Ministerien und Wirtschaftsverbänden sowie zivilgesellschaftlichen Akteur*innen voraus.

MADE IN EU – »ALLES TUTTI«?

Die Idee liegt nahe, dass Güter, die in geografischer Nähe und damit unter den wachsamen Augen und Rahmenbedingungen der Europäischen Union produziert wurden, die ethischere Wahl sind. Leider ist die Aufschrift »Made in EU« auf Labeln und Verpackungen kein Garant für ethisch hergestellte Mode (und andere Industriegüter). So lässt die Herkunftsangabe des Endprodukts keinerlei Rückschlüsse auf den Ursprung der verwendeten Rohstoffe zu. Beispielsweise muss die für Gesundheit und Umwelt schädliche Ledergerbung, die der Herstellung feinster italienischer Schuhe und Taschen vorausgeht, nicht in Europa unter strengen Auflagen geschehen sein. Und selbst wenn, decken investigative Recherchen immer wieder Fälle unsauberer Praxis in der Mode- und Textilindustrie inmitten Europas auf.[39]

WIE ERKENNT MAN ETHISCH PRODUZIERTE MODE?

Wenn nicht an Preis und Herkunftsland – wie kann man ethisch produzierte von grün gewaschener Mode unterscheiden? Siegel über unabhängige Zertifizierungen helfen auch hier, ebenso wie Mitgliedschaften in Textilbündnissen, zu deren Zielsetzungen sich Unternehmen bekennen und deren Einhaltung bewertet wird.

	Rohstoff-produktion	Garn- und Stoff-herstellung	Färberei und Veredelung	Konfektion
Naturtextil BEST	NATURTEXTIL	NATURTEXTIL	NATURTEXTIL	NATURTEXTIL
GOTS	GOTS	GOTS	GOTS	GOTS
Fairtrade Textil Standard	Fairtrade	Fairtrade	Fairtrade	Fairtrade
OEKO-TEX MADE IN GREEN		OEKO-TEX® INSPIRING CONFIDENCE MADE IN GREEN	OEKO-TEX® INSPIRING CONFIDENCE MADE IN GREEN	OEKO-TEX® INSPIRING CONFIDENCE MADE IN GREEN
Grüner Knopf			GRÜNER KNOPF SOZIAL, ÖKOLOGISCH, STAATLICH. UNABHÄNGIG ZERTIFIZIERT.	GRÜNER KNOPF SOZIAL, ÖKOLOGISCH, STAATLICH. UNABHÄNGIG ZERTIFIZIERT.
Fair Wear Foundation				FAIR WEAR

NATURTEXTIL BEST wird vom Internationalen Verband des Naturtextilwirtschaft e. V. (iVN) unter strengen ökologischen und sozialen Anforderungen für Produkte vergeben und bildet die textile Wertschöpfungskette bis zum Verkauf ab.

GLOBAL ORGANIC TEXTILE STANDARD (GOTS): Nach diesem globalen Textilstandard für die gesamte Produktionskette muss ein ausgezeichnetes Produkt zu mindestens 70 Prozent aus Naturfasern bestehen. Das Siegel deckt ökologische Standards sowie soziale Mindestkriterien ab und wird beispielsweise vom iVN vergeben.

FAIRTRADE TEXTIL STANDARD: Das Fairtrade-Textilsiegel wurde als Ergänzung zum Fairtrade Certified Cotton eingeführt und umfasst neben Biobaumwolle auch weitere nachhaltige Fasern. Die Kriterien der Fairtrade Textile Production gelten von der Rohstoffgewinnung über die Verarbeitung in allen Schritten der textilen Produktionskette. Das Label macht für Verbraucher*innen transparent, ob existenzsichernde Löhne (d. h. über dem gesetzlichen Mindestlohn) gezahlt werden oder ob dieses Ziel innerhalb eines Zeitrahmens von sechs Jahren in Arbeit ist.

OEKO-TEX MADE IN GREEN: Die Kennzeichnung von Textilien vereint die Schadstoffprüfung mit Anforderungen an eine nachhaltige Produktion. Soll ein Produkt das »MADE IN GREEN«-Label tragen, ist die Kombination der Zertifizierung nach dem bekannten STANDARD 100 und STeP by OEKO-TEX notwendig. STeP (Sustainable Textile Production) ist ein Zertifizierungssystem, das weltweit angewendet wird.

GRÜNER KNOPF: Das Label ist eine Anstrengung des Bundesministeriums für wirtschaftliche Zusammenarbeit und Entwicklung (BMZ) und damit ein staatliches Siegel. Als 2020 eingeführtes »Metasiegel« kombiniert es die Unternehmensprüfung im Auftrag des BMZ und die Anerkennung schon bestehender Produktsiegel. Zunächst deckt das Siegel nur Nassprozesse und Konfektion ab.

FAIR WEAR FOUNDATION (FWF): Der Multi-Stakeholder-Initiative schließen sich Unternehmen an, die sich der schrittweisen Verbesserung der Arbeitsbedingungen in den zuliefernden Nähereien verpflichten. Soziale Kriterien stehen hier im Vordergrund. Die Unbedenklichkeit der Textilien aus ökologischer Perspektive spielt nur im Rahmen einer sicheren Arbeitsumgebung eine Rolle. Da FWF nur Unternehmen verifiziert, findet sich das Fear Wear Label selten und nur dann an Produkten, wenn die konfektionierenden Unternehmen besonders gut abgeschnitten haben.

GREEN HACK: MIKROPLASTIK ADÉ
Mikroplastik ist ein Problem der marinen Lebensräume und der globalen Tierwelt. Die Übeltäter sind kleinste Kunststoffpartikel, die nicht durch natürliche Prozesse in der Umwelt abgebaut werden.

Stattdessen werden sie von Fischen und anderen Meeresbewohnern verschluckt. Selbst wer für Flipper und Konsorten wenig übrighat, sollte die Aufnahme von Plastik über den Verzehr von Forelle, Barsch und Hering schon der eigenen Gesundheit wegen nicht Lachs sein: Plastik ist ein Giftstoffmagnet. Weichmacher und andere Zusatzstoffe reichern sich auf den Mikroplastikpartikeln im Wasser an, dann im Fischfettgewebe und schließlich in unserem eigenen Speck. Während wir also Bisphenol A (BPA) tunlichst aus unseren Trinkflaschen und Babybeißringen verbannen, kommt es geradewegs mit dem wöchentlichen Fischgericht auf den Teller.

1,53 Millionen Tonnen Mikroplastik werden laut Weltnaturschutzunion jährlich in die Meere gespült.[40] Der europäische Pro-Kopf-Anteil daran entspräche 54 Plastiktüten, die jeder Mensch Jahr um Jahr ins Meer wirft. Mehr als ein Drittel des weltweiten Mikroplastikaufkommens stammt dabei aus synthetischen Textilien. Wenig überraschend, denn: Greenpeace beziffert den Anteil von Polyester an unserer Kleidung auf 60 Prozent.[41]

Während vielen Outdoorler*innen der Naturschutz am Herzen liegt, haben gerade die langlebigen und hochfunktionalen wind- und wettertrotzenden Kleidungsstücke einen besonders hohen Anteil an nichtabbaubaren Synthetikfasern. Mikrofasern – nichts anderes als Mikroplastik – lösen sich beim Waschgang aus dem Textil und landen im Abwasser. Wie viele der kleinsten Partikel Kläranlagen filtern können, ist unklar. Angenommen werden 60 bis 90 Prozent.[42] Doch selbst von dem geschätzten Bestwert ausgehend, ist das Problem nicht aus der Welt: Das Mikroplastik steckt dann im Klärschlamm. Während dieser nach der Trocknung in der Schweiz nur thermisch verwertet wird, ist der Einsatz als Dünger auf Ackerflächen in Deutschland noch immer erlaubt.

RICHTIG WASCHEN

Spezielle Waschbeutel versprechen, die feinen Fasern von Polyester, Acryl und Nylon noch in der Waschmaschine aufzufangen. Außerdem schützen sie das Textil vor Faserbruch, und es bleibt länger schön. Der Hersteller Guppy-friend hat weitere Tipps, um Mikroplastik in der Wäsche zu vermeiden:

1. Seltener waschen. Stattdessen lüften und Flecken per Handwäsche entfernen.

2. Keinen Weichspüler verwenden und auf mikroplastikfreie Waschmittel achten.

3. Mit niedrigen Waschtemperaturen waschen. Polyester löst sich ab 60 Grad Celsius auf.

4. Mechanische Reibung durch Schleudern vermeiden. Ebenso sollten feste Textilien wie Jeans nicht mit weichen Stoffen (z. B. Fleece) zusammen gewaschen werden.

5. Kurzwaschgang wählen.

NATURSTOFFE STATT SYNTHETIK

Gerade der kuschlig-warme Fleecestoff, mit dem viele Funktionskleidungs-stücke ausgestattet sind, verliert besonders viele Faserstücke. Herkömm-liches Fleece ist ein Polyestergestrick und damit auf dem ersten Platz beim Synthetikfaserbruch. Doch es gibt auch Fleece aus (Bio-)Baumwolle. Zwar kann auch dieses Fasern verlieren, diese sind aber immerhin biologisch abbaubar. Und noch einen Vorteil hat das Naturfleece: Es gibt kein unange-nehmes Knistern durch elektrostatische Aufladung.

Atmungsaktiv, wasserabweisend, selbstreinigend – auch tierische Wolle be-sitzt Eigenschaften, die im Sport- und Outdoorbekleidungsbereich gesucht werden. Je nach Wollart und Webtechnik ist diese ganz und gar nicht kratzig und eignet sich insbesondere als Basis- und Zwischenlage. Auch eine Jacke aus Wollwalk kann mit einem Softshelltextil mithalten. Und Bienen- und pflanzliche Wachse und Öle sind eine natürliche Alternative zur Impräg-nierung mit synthetischen Paraffinen sowie per- und polyflourierte Chemika-lien. Dennoch: Die Grenzen von kunststofffreien Materialien liegen bei der Wasserundurchlässigkeit und damit dem ultimativen Nässeschutz sowie der Waschbarkeit. Um diese zu überwinden, betreiben Textilhersteller emsig Forschungs- und Entwicklungsarbeit, die bereits interessante, jedoch derzeit noch kostenintensive Technologien hervorgebracht haben.[43]

Der nachhaltige Pflege- und Kosmetikbeutel

Auch im Kosmetikbereich sind Begriffe wie »grün« und »natürlich« nicht geschützt. Dabei lohnt sich die Prüfung der Inhaltsstoffe nicht nur der Umwelt zuliebe. Über unsere Haut nehmen wir Inhaltsstoffe aus Lotionen, Seifen und Co. direkt in unseren Körper auf. Diese sollten uns also nicht nur nicht schaden, sondern am besten auch guttun.

Wer echte Naturkosmetik sucht, greift zu zertifizierten Produkten. Auf Utopia, einer Onlineinformationsplattform zu nachhaltigeren Service- und Produktalternativen aus allen erdenklichen Bereichen von Konsum und Lebensstil, werden die Anforderungen von Siegeln, wie BDI, Natrue oder Ecocert, an Natur- und Biokosmetik so zusammengefasst:[44]

- keine synthetischen Farb-, Duft- und Konservierungsstoffe (z. B. Parabene)

- keine erdölbasierten Inhaltsstoffe (z. B. Paraffine)

- keine Silikone

- keine gentechnisch veränderten Organismen

- alle Inhaltsstoffe sind natürlichen Ursprungs oder naturidentisch

- abhängig von der Zertifizierungsstufe stammt ein festgelegter Mindestanteil an Inhaltsstoffen aus biologischem Anbau

- umwelt- und ressourcenschonende Herstellung der Produkte

- die Verpackung ist möglichst umweltschonend und recyclebar

ALLTAGSHILFE: Die Apps Toxfox und Codecheck verraten über das Scannen des Strichcodes auf der Verpackung gleich im Laden, ob ein Produkt bedenkliche Stoffe beinhaltet, welche Siegel es trägt und wie die Erfahrungswerte der Community ausfallen.

HYGIENE- UND PFLEGE-PRODUKTE, OHNE DIE DIE REISE NICHT LOS-GEHEN KANN

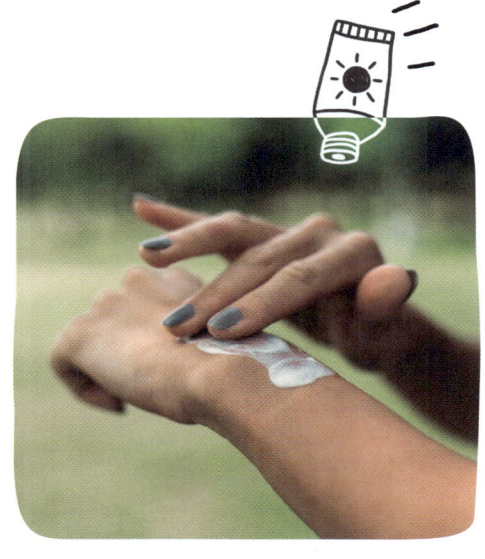

Egal, ob auf den Berg oder an den Strand – **SONNENSCHUTZ** gehört in jedes Reisegepäck. Die jährlichen Berichte des Verbrauchermagazins *Öko-Test* geben Orientierung zu unbedenklichen Produkten in den Drogerie- und Biomarktregalen. Hilfreich ist, die unterschiedliche Wirkweise von Sonnenschutz und damit auch die potenziell problematischen Auswirkungen auf den menschlichen Körper und andere Organismen zu kennen:

Im chemischen Lichtschutz werden Wirkstoffe wie Methoxydibenzolmenthane, Octocrylene, Ethylhexyl, Benzon, Trisiloxan oder Drometrizol von den oberen Hautschichten aufgenommen. Solche organischen Verbindungen nehmen Ultraviolettstrahlung einer bestimmten Wellenlänge auf und wandeln sie in andere Energieformen (z. B. Wärme) um, die dem Gewebe nicht mehr so großen Schaden zufügen. Jedoch werden chemische UV-Filter verstoffwechselt und finden sich so beispielsweise auch in Muttermilch wieder.[45] In der Natur können Rückstände von Inhaltsstoffen chemischer UV-Filter, wie Oxybenzone, mitverantwortlich sein für die Korallenbleiche. Eine Studie der Polytechnischen Universität Ancona kam bereits 2008 zu dem Schluss, dass schon zehn Mikroliter Sonnenmilch auf einen Liter Meerwasser dazu führen, dass Korallen innerhalb weniger Tage ihre leuchtend rote Farbe verlieren.[46] Dies habe negative Auswirkungen auf die Biodiversität und das Funktionieren von Riffökosystemen.

Mineralische Filter sind die ökologisch und gesundheitlich unbedenklichere Wahl. Titandioxid oder Zinkoxid reflektieren die Sonnenstrahlen wie unzählige kleine Spiegel und schützen so die Haut vor Sonnenbrand. Der äußerliche Schutz wirkt sofort ohne Einwirken: Je größer die Partikel sind, desto besser reflektieren sie im Bereich des sichtbaren Lichts (umso höher ist auch der Lichtschutzfaktor). Das Auge nimmt sie daher als weiß wahr – der sogenannte Weißeleffekt. Um die weiße Optik zu reduzieren, müssten Nanosonnenschutzfilter Anwendung finden; diese reflektieren mehr im nicht sichtbaren UV-Bereich, und daher ist das Weißeln geringer. Fraglich ist allerdings noch, ob und wie sich diese Winzpartikel auf den Körper und aquatische Ökosysteme auswirken.

VERHÜTUNG: Die meisten Kondome sind aus Naturkautschuklatex hergestellt. Während Milch des Kautschukbaums als nachwachsende Ressource erst einmal unproblematisch klingt, sind es die Arbeitsbedingungen und Umweltauswirkungen auf den Plantagen in Asien, Afrika und Südamerika häufig nicht. Auch beim Verhüterli auf faire und umweltfreundliche Produktion achten! Der Verein Fair Rubber weist Hersteller von nachhaltigen Kondomen aus.

Seifen und Lotionen haben im Intimbereich nichts zu suchen. Eine der vielen Superkräfte der Vulva ist nämlich, dass sie sich selbst reinigt und reguliert. Auch bei der Intimpflege des Mannes sollte auf parfümhaltige Waschsubstanzen verzichtet werden. Eine Ausnahme, wann eine Creme okay ist: beim Sex. Bei Gleitcreme darauf achten, dass sie frei von Parabenen, Konservierungs-, Duft- und Farbstoffen ist! DIY-ler*innen sei Gleitgel aus einem Aloe-Vera-Blatt empfohlen: Blatt aufschneiden, ausdrücken, los geht es! Für die Reise praktischer ist Aloe-Vera-Gel in Naturkosmetikqualität und ohne Zusatzstoffe, z. B. von Junglück.

MONATSHYGIENE: Menstruierende, die Ciao zu Wegwerfhygieneprodukten auf Reisen sagen möchten, fahren mit der Menstruationstasse gut. Bis zu zehn Jahre soll das meist aus medizinischem Silikon hergestellte »Gefäß« verwendet werden können. Hochgerechnet auf diesen Zeitraum, verursacht sie, verglichen mit Tampons oder Binden, nur fünf bis sieben Prozent der Kosten und gerade einmal 0,4 Prozent des Plastikmülls von Binden und etwa sechs Prozent des Plastikabfalls, der bei Tampons anfällt.[47] Die Tasse fasst mehr Blut als Binden und Tampons und muss seltener gewechselt werden. Periodenpantys, -slips und -strings sind ebenfalls eine Alternative zu Tampons und Binden. Die Höschen sind so saugstark wie zwei bis drei normal große Tampons und können am Tagesende einfach in der Waschmaschine mitgewaschen werden.

DIY-TROCKENSHAMPOO: Ist die Route das Ziel, etwa beim Reisen mit dem Campingbus, kann die ausgiebige Dusche auch einmal ein oder zwei Tage länger auf sich warten lassen. Für einen frischen Look auf dem Haupt sorgt Trockenshampoo. Eine ökologische und günstige Variante ist mit wenigen Zutaten aus dem Küchenschrank selbst gemacht:

- Nimm zwei gehäufte Esslöffel Maisstärke, einen gehäuften Teelöffel Kakaopulver (dunkles Haar) oder Zimt (helles oder blondes Haar) sowie einen Teelöffel Natron.

- Siebe alle Zutaten gut durch.

- Fülle die Mischung in ein verschließbares Glas mit Aluminiumdeckel. Wichtig ist die trockene Lagerung!

- Streue eine kleine Menge des Pulvers in deine Hände und verteile es auf deinem Haaransatz. Mit einem trockenen Handtuch das Trockenshampoo nun einarbeiten. Anschließend gründlich kämmen.

Man kann alternativ auch auf Heilerde, Mehl oder Babypuder zurückgreifen.

INSEKTENSCHUTZ: Wer den ganzen Tag in der Natur verbringt, ist vor Insektenstichen und -bissen nicht gefeit. Insbesondere wenn die Nahreiseziele in Baden-Württemberg und Bayern liegen, sollte der Impfschutz gegen Frühsommermeningoenzephalitis (FSME) vor dem Reiseantritt überprüft werden. FSME ist eine Viruserkrankung, die durch Zeckenstiche übertragen wird. Das Robert-Koch-Institut veröffentlicht regelmäßig eine Übersichtskarte mit FSME-Risikogebieten.[48] Eine Zeckenzange in der Reiseapotheke erleichtert das schnelle und vollständige Entfernen von Zecken.

Zur Abwehr lästiger Mücken finden sich in Drogerien und Apotheken diverse Sprays. Diese enthalten häufig die Wirkstoffe Diethyltoluamid (DEET) und Icaridin. Zwar schützen die zulassungspflichtigen Biozide vor Mücken und Zecken, für die Umwelt sind sie jedoch schädlich.[49] Als Alternative zu chemischem Insektenschutz gibt es auch pflanzliche Wirkstoffe in ätherischen Ölen, die Mücken abschrecken, wie Lemongrass (Citronella),[50] Zitroneneukalyptus, Palmarosa und Rosengeranie. Auch die intensiven Gerüche von Minze, Eukalyptus, Rosmarin, Nelken, Teebaumöl und Lavendel halten Insekten fern. Antimückensprays sind mit wenigen Zutaten schnell selbst hergestellt. Es bedarf nur einer kurzen Onlinesuche für diverse DIY-Anleitungen, z. B. über Utopia.de.[51]

NATÜRLICHE REISEAPOTHEKE: Ätherische Öle haben vielfältige positive Wirkungen auf die körperliche Gesundheit und das mentale Wohlbefinden. Sich mit der Anwendung und den Wirkweisen zu beschäftigen lohnt auch für die übrige Reiseapotheke gegen gängige Wehwehchen unterwegs. Insbesondere Minze und Lavendel eignen sich als Helferlein gegen Kopfschmerzen, Übelkeit, Erkältungsbeschwerden oder Hautreizungen (z. B. Sonnenbrand). Bei der Anwendung ätherischer Öle grundsätzlich zu beachten ist:

● 100 Prozent reine ätherische Öle: auf diese Auszeichnung beim Kauf achten! Auch die Rohstoffqualität sollte möglichst hoch sein. Daher zusätzlich auf die Herstellung aus kontrolliert biologischem Anbau (kbA) oder Produkte mit anderen Bio-zertifizierungen setzen, etwa von Sonnentor oder Primavera.

● Sparsame Dosierung: Mittels Wasserdampfdestillation werden konzentrierte Extrakte aus Pflanzen gewonnen – die ätherischen Öle. Diese nicht direkt auf die Haut auftragen, sondern nur verdünnt mit einem Pflanzenöl oder als Spray.

FAUSTREGEL: Ein Milliliter oder maximal 20 Tropfen ätherisches Öl auf 100 Milliliter Jojoba-, Kokosnuss- oder ein anderes hochwertiges pflanzliches Öl. Weil ätherische Öle flüchtig sind, sollte die Anwendung – etwa zum Insektenschutz – jedoch häufig wiederholt werden.

● Verträglichkeitstest: Um eine allergische Reaktion auszuschließen, ein Tropfen des jeweiligen ätherischen Öls mit wenigen Tropfen Pflanzenöl mischen und in der Armbeuge auftragen. Kommt es zu Juckreiz, Rötungen oder gar Schmerzen, das Öl nicht weiter anwenden.

Natürliche Soforthilfe gegen Schwellung und Juckreiz bei Bissen und Stichen versprechen diverse Hausmittel, wie aufgeschnittener Ingwer, ein Tropfen Essig oder der Saft von Spitzwegerich, der praktischerweise viele (Wander-) Wege säumt.

AUSLAUFSICHER, MÜLLFREI UND SAUBER UNTERWEGS MIT FESTER KOSMETIK

Wenn der Griff in den Kulturbeutel feucht und schmierig wird, ist klar: Hier war eine Flasche oder Tube nicht dicht! Auslaufsicher sind hingegen feste Hygiene-produkte. Und ganz nebenbei sind Shampoo, Conditioner, Körperbutter, Deo und inzwischen sogar Cremes und Parfums, denen Wasser entzogen wurde, ergiebiger, günstiger und verpackungssparend. Zum Beispiel: Ein Shampoo-Bar, der je nach Haarlänge für 40 bis 70 Haarwäschen reicht, ist so ergiebig wie zwei Flaschen Flüssigshampoo (250 Milliliter), verspricht etwa der Naturkos-metikhersteller IPLUSm. Wasserfreie Kosmetik kommt darüber hinaus weitest-gehend ohne starke Konservierungsstoffe aus.

Und auch der ökologische Vorteil ist groß: Feste Pflegeprodukte werden meist in einer Pappschachtel, mit Papierbanderole oder ganz »nackt« verkauft, z. B. im Unverpacktladen. Ein großes Einsparpotenzial für Plastikmüll! Denn Deutsche verbrauchen durchschnittlich zehn Flaschen Shampoo, elf Flaschen Duschgel und 3,7 Packungen Flüssigseife im Jahr.[52]

Feste Pflegeprodukte sollten möglichst nicht zu warm lagern, weil sie bei circa 36 Grad schmelzen – also sowohl bei Körpertemperatur als auch in der prallen Sommersonne. Feste Shampoos, Seifen und Conditioner nach dem Benut-zen unbedingt trocknen lassen, bevor sie wieder in die Tasche wandern. Gut klappt auch, das Transportbehältnis (z. B. eine Metalldose) mit einem Luffa-Schwamm auszulegen. Im Übrigen: Getrocknete Luffa-Gurke ist eine Alternati-ve zum Schaumstoffschwamm. Man kann sie sogar am Stück kaufen und sich die Schwammscheiben, wann immer für die Körperpflege oder den Hausputz benötigt, abschneiden.

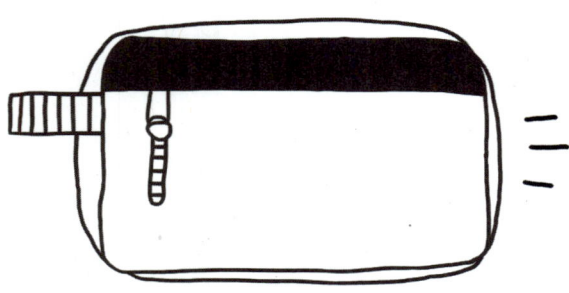

Verpflegung: Müll reduziert, lokal, saisonal, bio

Gilt zu Hause wie auf Reisen: Nachhaltiger ernährt sich, wer lokal, saisonal sowie wenig Fleisch und andere tierische Produkte isst. Um die lokale Wirtschaft zu unterstützen, speist man auswärts im inhabergeführten Restaurant mit lokaler (Bio-)Küche statt bei der internationalen Fast-Food-Kette. Bei der Selbstverpflegung kauft man Lebensmittel am besten beim nächstgelegenen Bauernmarkt, im Hofladen oder Biosupermarkt.

FRISCH ZUBEREITET STATT FERTIG ABGEPACKT
Wer Mahlzeiten frisch und selbst zubereitet, spart in der Regel Verpackungsmaterial, Geld und Inhaltsstoffe, die in gesunder Ernährung nichts zu suchen haben, wie Konservierungs- und Farbstoffe oder Geschmacksverstärker.

Mit nur wenigen Kochutensilien, cleveren Zutaten und Rezepten muss man auch dann nicht auf frisch zubereitete Gerichte verzichten, wenn man ohne feste Unterkunft und zu Fuß, mit dem Rad, Zug oder Bus und daher gepäcksparend reist: Für sogenannte One-Pot-Gerichte wie Chili, Suppen und Currys braucht man nur einen Topf und einen Kocher. Spart Gewicht und Platz: Multifuel-Kocher können Gas, Benzin, Petroleum und sogar Diesel verbrennen

– Nachfüllkartuschen müssen also nicht mitgeschleppt werden, weil sich Ersatz auch unterwegs leicht finden lässt.

REUSABLES STATT EINWEG
Müll sparen bei To-go-Essen lässt sich, wenn man eine Grundausstattung an Reusables mit sich trägt. Dazu gehören ein verschließbares Gefäß, z. B. Weckglas oder Brotbüchse, ein Besteckset, Küchentuch, Thermosbecher für Heißgetränke und Suppen, eine wiederverwend-

bare Wasserflasche, ein Stoffbeutel (z. B. für Brötchen oder den Einkauf) und Bienenwachstücher.

TRINKWASSER AUS DER LEITUNG STATT IN PLASTIKFLASCHEN

In Deutschland wie auch in der Mehrzahl der europäischen Länder ist die Trinkwasserqualität hoch und erlaubt das ungefilterte Trinken von Leitungswasser. Das Umweltbundesamt bescheinigt dem Trinkwasser aus zentralen Versorgungsanlagen eine gute bis sehr gute Qualität.[53] Stiftung Warentest stellte zuletzt 2019 in 20 deutschen Städten und Gemeinden die Qualität von Trinkwasser auf den Prüfstand.[54] Die auf 126 Stoffe untersuchten Proben wiesen zwar Spuren kritischer Stoffe auf, etwa Nitrat, Uran oder Arsen, aber nie über die gesundheitlich bedenklichen Grenzwerte hinaus. Die eigene Trinkflasche unterwegs aufzufüllen ist also eine günstige und müllreduzierende Alternative zum Kauf von Getränken in Plastik- und Glasflaschen.

Travel-Must-haves und was man gerne vergisst

SOLARLAMPE: Während des Tages wird der Akku einer mit Sonnenenergie betriebenen Leuchte aufgeladen und bei Bedarf über eine sparsame LED abgegeben. SONNENGLAS™ produziert seine gleichnamigen Leuchten, die wie ein Weckglas mit einem Henkel aussehen und in deren Deckel Solarpanel, Akku und LED integriert sind, unter Fairtrade-Bedingungen in Johannesburg. Andere Hersteller setzen mit dem »Buy one give one«-Prinzip auf Entwicklungshilfe, indem sie Solarlicht in Gegenden ohne Stromzugang verbreiten.

PFLASTER: Neben den natürlichen Helferlein in der Reiseapotheke (mehr auf Seite 74) dürfen Pflaster und Verbandszeug nicht fehlen. Wie schnell sich ein Pflaster löst, fällt beim Müllsammeln oder beim Schwimmbadbesuch auf. Pflaster der Marke Patch aus Bambusfasern kommen ohne Parabene, Silikone, Latex oder Plastik aus. Sie sollten zwar nicht absichtlich in der Umwelt entsorgt werden, sind aber – wenn sie doch einmal verloren gehen – zumindest biologisch abbaubar.

SPÜL- UND WASCHMITTEL: Bei Spül- und Reinigungsmitteln grundsätzlich auf biologische Abbaubarkeit achten! Tenside sollten auf der Grundlage von pflanzlichem Zucker und Fetten bestehen und ohne Firlefanz wie synthetische Duft-, Farb- und Konservierungsstoffe auskommen. Denn: Beim Camping- und Outdoorurlaub spült man öfter mal draußen. Gelegentlich geht das Spülwasser daneben und versickert im Boden. Flüssige Spülmittel sind sehr ergiebig, bei achtsamem Spülen genügen wenige Tropfen. Eine Alternative sind feste Reinigungsprodukte: Viele Hersteller haben die leichten, verpackungsarmen Tabletten inzwischen für sich entdeckt. Diverse Produkte finden sich in Drogerien und (Bio-)Supermärkten. Die traditionelle vegane Alepposeife aus Oliven- und Lorbeeröl ist ein Allround-Saubermann: Das Seifenstück kann sowohl für die Handwäsche von Textilien genutzt werden als auch zur Körperpflege.

STREICHHÖLZER: Kerze, Lagerfeuer, Grill und mancher Campingkocher benötigen Zündhilfe. Die umweltfreundlichste Variante, etwas zu entzünden, sind Zündbriefchen aus Recyclingkarton.[55] Einwegfeuerzeuge lassen sich je nach Qualität zwischen 300 und 1.000 Mal entzünden, bis das Gas leer ist – dann gehören sie in den Restmüll. Besser sind wiederbefüllbare Feuerzeuge.

ORGAN- UND GEWEBESPENDEAUSWEIS: Während in Deutschland eine eindeutige Zustimmung zur Organ- oder einer Gewebespende vorliegen muss, gilt in vielen Ländern eine Widerspruchslösung. Verkürzt gesagt: Kein Widerspruch ist eine Einwilligung zur Spende – unabhängig von der Nationalität. Auch innerhalb der Europäischen Union gibt es keine einheitliche Regelung; es gilt bei einem Todesfall im Ausland das jeweilige Landesgesetz. Mit der Spende von Organen und Geweben nach dem Tod kann schwer kranken oder gar in Lebensgefahr schwebenden Menschen geholfen werden. Jede*r sollte sich daher zu den Möglichkeiten der Spende informieren, eine Entscheidung treffen, diese dokumentieren und mit den Liebsten besprechen. Die nächsten Angehörigen (oder explizit benannte Personen) sind nämlich im Zweifelsfall diejenigen, die im Sinne der verstorbenen Person um Entscheidung gebeten werden. **BESSER:** allzeit einen Organ- und Gewebespendeausweis mit sich tragen und so die Entscheidungslast von den Hinterbliebenen nehmen. Umfangreiche Informationen finden sich unter organspende-info.de und gewebenetzwerk.de. Die Bundeszentrale für gesundheitliche Aufklärung rät Reisenden, einen Organ- und Gewebespendeausweis in deutscher und Landessprache mit sich zu führen, und stellt entsprechende Dokumente in 28 Sprachen zur Verfügung.

ZAHLUNGSMITTEL: Während in Deutschland Geld gerne noch in klimpernder oder Papierform die Besitzer*innen wechselt – 2020 waren im deutschen Einzelhandel noch etwa 41 Prozent der Umsätze auf Barzahlungen zurückzuführen[56] –, kann man viele Länder der Welt bereisen, ohne auch nur einmal die ausländische Währung in der Hand gehabt zu haben. Auch bei der Zahlung mit Kreditkarte gibt es ethische Anbieter. Denn: Bei der Kreditkartenzahlung müssen Händler*innen einen bestimmten Betrag vom Umsatz als Gebühr an die Bank zahlen. Ethische Banken unterstützen damit zum Beispiel Umweltschutzprojekte oder Kulturinitiativen. Die Ethikbank und die GLS Bank bieten eine Kreditkarte in Verbindung mit einem Girokonto an. Triodos hat mit der GrünCardPlus MasterCard eine kontounabhängige Kreditkarte im Portfolio; das Referenzkonto ist dann das bestehende Girokonto – ein Bankwechsel ist nicht zwingend notwendig.

AUF DEM WEG:

Nachhaltig

REISEN

OHNE FLUGZEUG

Reisen ohne Flugzeug – das ist so viel mehr als klima- und umweltschonend. Wer zu Fuß oder mit dem Rad in den Urlaub startet, kommt garantiert fit und energetisiert nach Hause. Mit dem Zug reist man ohne Stau und häufig ähnlich schnell wie mit dem Flugzeug, allerdings mit Bewegungsfreiheit und ohne Check-in und Security-Stress. Auf vier Rädern ist man komfortabel und flexibel unterwegs – toll für Familien, die im voll ausgelasteten Fahrzeug auch emissionsarm reisen. Und segeln, paddeln oder schippern eröffnet ganz neue Perspektiven!

Statt fliegen

VOM MIKROABENTEUER ZUR NAHREISE OHNE FLUGZEUG

Mit Flugscham (schwedisch: Flygskam) hat die Klimaschützernation Schweden 2018 dem Gefühl einen Begriff verliehen, dass wir mit dem Gewinn der Selbstverständlichkeit, mit der wir heute mit dem Flugzeug reisen, zugleich die Kontrolle über unseren eigenen ökologischen Fußabdruck verloren haben.[56] Dabei ist die Wahl des Fortbewegungsmittels zumindest im Urlaub und in der Freizeit eine, die wir ganz individuell und damit auch in größtmöglicher Eigenverantwortlichkeit treffen. Bei immer mehr (selbst)kritischen Konsument*innen stellt sich nun ebenjene Scham ein, wenn sie eine »unnötige« Flugreise – im Sinne von selbst gewählt, nicht etwa jobbedingt oder weil die Familie im Ausland lebt – buchen.

Warum ist Fliegen besonders schädlich für das Klima?

Bei der Verbrennung von Kerosin entstehen neben Kohlenstoffdioxid Substanzen wie Stickoxide, Aerosole und Wasserdampf. Man spricht dabei vom Radiative Forcing Effect.[57] Die daraus folgende Bildung von Kondensstreifen, Schleierwolken und Ozon hat einen im Durchschnitt etwa zwei- bis fünfmal höheren Treibhauseffekt als die alleinige Wirkung des ausgestoßenen CO_2. Und auch die CO_2-Emissionen sind gegenüber der Fortbewegung mit Zug und Bus nicht gering (siehe Kapitel »Der individuelle Reisefußabdruck« ab Seite 17). Start und Landung sind beim Fliegen besonders energie- und emissionsintensiv. Der absolute Öko-GAU sind im Verhältnis daher Flugreisen mit kurzem Aufenthalt zu nahe gelegenen Zielen – beispielsweise der beliebte Städtetrip übers Wochenende in eine europäische Metropole, die weniger als zwei Flugstunden oder unter 1.000 Kilometer entfernt gelegen ist (sprich: der Kurzstreckenflug).[58]

WIESO FLIEGEN WIR DENNOCH?

Ab den 1990ern wurde das Fliegen in Europa gewissermaßen demokratisiert. Überkapazitäten, effizientere Technologien und Konkurrenzdruck bewirkten einen Preisverfall bei Flugtickets.[59] 1991 hob mit Ryanair das Billigflugkonzept auf dem europäischen Markt zu einem Steilflug ab.
Eine weitere These: Höher, weiter, schneller! So lautet der Anspruch, den die wachstumgetriebene Wirtschaft, in der wir aufwachsen und leben, an uns Individuen stellt. Wer hart arbeitet und auch sonst den Prinzipien der Leistungsgesellschaft folgt, möchte dementsprechend auch mit großartigen Erlebnissen belohnt werden.

> Die Onlinebuchung eines Fluges ist heute nicht schwieriger und teurer (die ökologischen Kosten außer Acht gelassen) als der Kauf eines Zugtickets.

»Eines der Ordnungsprinzipien der Moderne ist die Routine, und das Reisen ist eine Unterbrechung dieser Routine. So ist es auch normal, dass es in Gesellschaften, die Routine und Pünktlichkeit hoch schätzen, auch ein entsprechendes Verlangen nach einer Flucht aus dieser Gewohnheit gibt. Man kann den Wunsch nach Reisen definitiv als eine Art Kehrseite einer sehr geregelten und vorhersehbaren Welt sehen.« – Alain de Botton, Schriftsteller und Philosoph[60]

Für höher, weiter, schneller in der Freizeit steht die Flugreise. Diejenigen, die wegen ihres Jobs nicht wöchentlich von A nach B jetten, mögen das Besteigen eines Flugzeugs noch immer als Abwechslung, Unterbrechung von Routinen und als etwas Großes empfinden.

Zudem: Wenn »Work« und »Life« verschwimmen, statt in Balance zu sein, konzentriert sich die große Flucht aus dem Hamsterrad auf den Jahresurlaub. Die Erwartungen sind dann sowohl an das Hinkommen als auch das Ziel immens: möglichst schnell und bequem ans Ziel gelangen, vor Ort Schön-Wetter-Garantie und die maximale Befriedigung der individuellen Urlaubsbedürfnisse genießen.

Dass die Anreise bereits Teil der Erholung und des Erlebnisses sein kann, scheint in Vergessenheit geraten zu sein. Ebenso, dass insbesondere auf kurzen Strecken eine Fahrt mit dem Zug ähnlich schnell, vor allem aber wesentlich komfortabler und stressfreier sein kann. Auf einem Economy-Flug nach London oder Paris ist man nach der Anfahrt zum Flughafen, Check-in und Boarding den Großteil der beengten Zeit in der Luft damit beschäftigt, Duty-Free-Angebote abzulehnen und vielleicht einen Toilettensprint einzulegen, bevor die Anschnallzeichen wieder aufleuchten. Die Fahrt vom außerstädtisch gelegenen Flughafen in die City dauert dann länger als der Flug selbst. (Mehr dazu im Reisereport ab Seite 125).

Mikroabenteuer – das Ganz-nah-Erlebnis

Dass wirklich großartige Erlebnisse wortwörtlich auch um die Ecke auf uns warten, ruft uns der Abenteurer Alastaire Humphreys mit seinem Konzept des Mikroabenteuers ins Gedächtnis. Die Lokalexpedition, die nach Humphreys »kurz, einfach, lokal, billig – und trotzdem lustig, spannend, herausfordernd, erfrischend und lohnend« ist, fußt nicht einmal primär auf dem Nachhaltigkeitsgedanken.[61] Eher liegen ihr eine Anpacken-mentalität zugrunde im Sinne von »Warum nicht heute starten?« und der Trotz gegen ebenjene Angewohnheit, Tapetenwechsel und Erlebnisse auf wenige Urlaubstage im Jahr zu legen, statt in den Alltag einzuflechten.

EINZIGE REGEL: Das Mikroabenteuer wird zu Fuß, per Rad oder mit öffentlichen Verkehrsmitteln bestritten.

IDEEN FÜR DEIN NÄCHSTES MIKROABENTEUER

● *Blinde Kuh:* Man nehme eine Umgebungskarte mit maximal 15 bis 20 Kilometer Radius und tippe mit geschlossenen Augen mit dem Finger drauf – dorthin bzw. zum nächstgelegenen »Point of Interest« geht es.

● *Tourist*in in der eigenen Stadt:* Probiere die oft kostenfreien Audiotouren oder sonstigen Angebote des lokalen Tourismusverbands aus! Oder gönne dir einen Reiseführer für die Heimat und erlebe wirklich einmal die touristischen Highlights. Tolle Anregungen finden sich in den »111 Orte, die man gesehen haben muss«-Guides (Emons Verlag), die man inzwischen in jeder Bahnhofsbuchhandlung und für viele große und kleine Städte kaufen kann. **MEIN TIPP:** Zusätzlich gibt es für die größeren Städte auch Familieneditionen, in denen man – selbst wenn heimisch – unbekannte und kindertaugliche Aktivitäten und Orte entdecken kann.

● *Gewohnheiten verlegen:* Verlege den Besuch des Wochenmarktes oder andere gewohnte Handlungen in einen anderen Stadtteil. Oder: Übernachte statt im Bett auf dem Balkon oder im eigenen Garten.

● *Straße um Straße:* Turnschuhe anziehen und los! So hat es der New Yorker Matt Green 2015 gemacht und erkundet seitdem Straße für Straße zu Fuß. Auf seinem Blog »I'm just walking« hält er seine Erlebnisse fest. Mindestens 12.800 Kilometer ist er entlang New Yorks Straßen gewandert und hat auf diese Weise sowohl die glamourösen als auch grausigen Ecken seiner Stadt kennengelernt. Der Dokumentarfilm »The World Before Your Feet« begleitet ihn ein Stück des Weges.

● *Orte untypisch erleben:* Wie sieht es am geliebten Badesee eigentlich im Winter aus? Ein Waldspaziergang bei Nacht? Ein Picknick in der Dämmerung auf der Lieblingswiese? Besuche und erlebe Orte und Aktivitäten zu einer untypischen Tages- oder Jahreszeit!

● *Lost Places:* Öffentliche Ruinen, stillgelegte Fabrikgelände und verlassene Wohnhäuser – die Überbleibsel solcher Orte erzählen spannende und bisweilen gruselige Geschichten von Einzelschicksalen und Lokalhistorie. Vielerorts finden sich online sogar Communitys, in denen urbane Abenteurer*innen solche verlassenen Orte und ihre Geschichten sammeln. **ACHTUNG:** Nicht selten ist das Betreten dieser Orte nicht gestattet. Wer es dennoch tut, sollte mit Vorsicht einen Fuß vor den anderen setzen. Oberster Lost-Places-Kodex lautet außerdem, den Ort so zu verlassen, wie er vorgefunden wurde!

Zu Fuß

AUF WANDERSCHAFT

»Nur wo du zu Fuß warst, bist du auch wirklich gewesen«, sprach Goethe. Sonderlich viel Auswahl an Fortbewegungsmitteln dürfte der Dichter, Denker und Reisende im 18. Jahrhundert nicht gehabt haben. Und doch mag an der Weisheit etwas dran sein. Sie legt nahe: Der Weg ist das Ziel, und um einen Ort wirklich erlebt zu haben, muss man auch etwas eigenen Schweiß und Mühe investieren.

Gesundheitsboost: Weitwandern und Waldbaden

»Weitwandern« oder auch »Trekking« sind die Schlagworte, unter denen man Informationen und Geschichten zum Wandern über ein langes Wochenende, die Ferien oder gar eine mehrmonatige Auszeit hinweg findet. Sofern Startpunkt der Wanderung nicht die eigene Haustür ist, gehören zur Klimabilanz des Wanderurlaubs An- und Abreise sowie Verpflegung und Unterkunft. Die Faktoren »Aktivitäten« und »Mobilität vor Ort« entfallen jedoch ganz oder schlagen nur wenig zu Buche (siehe »Berechnung des Reisefußabdrucks« auf Seite 18).

Gehen und Wandern wirkt sich nicht nur auf das Klima positiv aus. Über Stock und über Stein, durch Wiesen und Wälder zu kraxeln hat diverse Positiveffekte auf die eigene Gesundheit. Mit dem Biophilia-Effekt – der Interaktion zwischen Mensch und Natur – beschäftigen sich deshalb Ärzt*innen, Landschafts- und Umweltmediziner*innen, Ökopsychosomatiker*innen und Wildnispädagog*innen. Die Idee, dass die visuelle Wahrnehmung der grünen Farbräume in der Natur therapeutische Wirkung hat, ist schon lange Teil von alternativmedizinischen Ansätzen. Seit 1984 ist bekannt: Allein der Anblick eines Baumes aus dem Krankenhausfenster sorgt dafür, dass Patient*innen schneller gesund werden.[62]

Unter »Waldbaden« versteht man den bewussten Aufenthalt im Grünen, umringt von Bäumen. Diese verströmen Terpene. Die chemischen Verbindungen dienen der Kommunikation von Pflanzen untereinander, um sich gegenseitig vor Schädlingen zu warnen. In der Folge werden Schutzmechanismen aktiviert. Beim Menschen ist die Wirkung ähnlich: Durch das Einatmen werden unsere Abwehrkräfte gestärkt. Nach Aufenthalten in Waldgebieten enthält unser Blut deutlich mehr weiße Blutkörperchen.[63] Diese bekämpfen körperfremde Keime, spielen als »Killerzellen« aber auch eine wichtige Rolle im körpereigenen Kampf gegen Krebserkrankungen.

Die Waldatmosphäre und Sinneseindrücke, wie Vogelgezwitscher oder das Rauschen eines Wasserlaufs, fördern unsere Gesundheit noch auf andere Weise: Der Parasympathikus – auch »Ruhe- oder Erholungsnerv« genannt – wird aktiviert; unser Nervensystem schaltet auf Regeneration um. Blutdruck und Puls verringern sich, ebenso die Konzentration von Stresshormonen wie Cortisol und Adrenalin.[64] Dadurch kommt die Nähe zur Natur auch der Psyche zugute. Quasi als »Naturpille« gibt es in Japan den Aufenthalt in der Natur, genannt »Shinrin Yoku«, sogar auf Rezept bei stressbedingten Angstzuständen und Depressionen.[65] Hierzulande hat 2017 in Heringsdorf auf Usedom der erste Heil- und Kurwald eröffnet. 2020 beschloss auch Rheinland-Pfalz die Entwicklungsförderung von Forstflächen zu diesem Zweck[66] – neben Hessen im Übrigen das meistbewaldete Bundesland! Etwa 42 Prozent sind Waldfläche; deutschlandweit ist rund ein Drittel von Wald bedeckt. Viel Potenzial also für Doktor Wald.

BUCHTIPP: Diese und weitere Gesundheitseffekte fasst der österreichische Biologe Clemens Arvay in »Der Biophilia-Effekt: Heilung aus dem Wald« zusammen.

Ob unter Bäumen, durch Heidelandschaft, am Strand, in karger Berglandschaft oder, oder, oder – wandern generell wirkt wie eine Verjüngungskur: Eine Studie der Pittsburgh University aus dem Jahr 2010 belegt, dass regelmäßiges Wandern altersbedingten Abbau von Nervengewebe verlangsamt und das Risiko von altersbedingtem Gedächtnisverlust reduziert.[67] Also: Die Reise zu Fuß ist für Klima und Körper eine gute Idee!

Reisereport: Annkathrin und Silas von »Wanderfalke«

Annkatrin und Silas, Ende 20 und Anfang 30 Jahre alt, gehen gemeinsam durchs Leben und auf Wanderschaft. Wochenends fragen sie sich nicht, was sie mit der Freizeit anfangen könnten, sondern auf welchem Weg das nächste Wanderabenteuer stattfindet. Beide sind ausgebildete Kultur- und Landschaftsführer*in. Unter Wanderfalkeonline.de teilen sie Erfahrungen und Wissen zu Naturschutz und Wanderlust, beurteilen Wanderwege und Outdoorausrüstung und bieten geführte Wanderungen an.

Wo wart ihr das letzte Mal mehrere Tage am Stück wandern?

ANNKATRIN: Auf dem Felsenland Sagenweg im Pfälzer Wald waren wir zuletzt gemeinsam unterwegs. Dieser Mehrtageswanderweg mit seinen monumentalen Sandsteinformationen war herrlich. Wir sind die etwa 90 Kilometer in drei Tagen gewandert.

SILAS: Ich war seitdem noch im Weserbergland und im Teutoburger Wald weitwandern.

Wie plant ihr eine Mehrtagestour, und wo kommt ihr unter?

SILAS: Die Planung bestimmt im Wesentlichen der Weg. Wir halten uns an die ausgebauten Wanderwege und schauen nach Unterkünften und Übernachtungsmöglichkeiten entlang der Strecke. Die meisten Fernwanderwege – von denen es in Deutschland viele gibt – sind so angelegt, dass man immer wieder an Ortschaften vorbeikommt und dort auch eine Übernachtungsmöglichkeit finden kann. Derzeit studieren wir beide noch und wandern daher mit knappem Budget. Zelt oder Hängematte sind daher, aber auch wegen des Erlebnisses, unsere bevorzugten Schlafgelegenheiten.

Gruselt ihr euch beim »Lagern«, also beim Schlafen unter freiem Himmel und in der Natur?* Ist das sicher?

ANNKATRIN: An die Geräuschkulisse der Natur bei Nacht muss man sich schon gewöhnen. Es knackt und raschelt, man hört mal eine Eule. Vor wilden Tieren muss man sich aber hierzulande nicht fürchten. Zum Schutz der Tiere meiden wir dennoch Lagerplätze, wo es Tierspuren und -pfade gibt. Grundsätzlich ist es in der Stadt gefährlicher als in der Natur. Trotzdem habe ich immer ein Abwehrspray dabei.

SILAS: Wir schlagen unser Lager auch nicht in der Nähe von Hochsitzen auf. Wahrscheinlicher, als nachts von Tieren Besuch zu bekommen, ist es, von Förster*in oder Jäger*in geweckt zu werden. Das will man vermeiden. Daher recherchieren wir immer vorab, wo das Lagern gestattet ist und wo nicht. Man kann davor auch einfach mal beim lokalen Tourismusbüro oder dem Forstamt anrufen und nach geeigneten Lagermöglichkeiten fragen.

*mehr zu den rechtlichen Rahmenbedingungen auf Seite 47.

Was ist die größte Herausforderung beim Wanderurlaub?

ANNKATRIN: Die Motivation. Etwa wenn das Wetter nicht mitspielt. Nach mehreren Tagen Regen ist auch die funktionalste Kleidung klamm. Dann hilft manchmal nur, die Wanderung zu verkürzen oder mit einem Tag Aufenthalt und einer spontanen Hotelübernachtung zu unterbrechen.

SILAS: Die Erfahrung, dass man sich »einläuft«, hilft auch. Nach den ersten Kilometern entdeckt man selbst bei grauem Himmel spannende Sachen. Umso wichtiger, dass die geplante Tour landschaftliche Abwechslung und Highlights bietet.

> »Das Geheimnis des Vorwärtskommens besteht darin,
> den ersten Schritt zu tun.« – Marc Twain

Welche Wege stehen auf eurer Wanderbucketliste?

SILAS: Zum Beispiel der Utvandrarleden in Südschweden [Anm.: Fernwanderweg, der in vier bis sechs Tagen begangen werden kann] – dort kann man auch per Zug und Fähre anreisen. Eine Alpenüberquerung wäre toll oder auch der Grenzgängerweg, der zwischen Österreich und dem Allgäu hin- und herwechselt. Ebenso spannend klingt der Mullerthal Trail in Luxemburg, der als »Leading Quality Trail« ausgezeichnet wurde. Das Label wird von der Europäischen Wandervereinigung vergeben und ist ein Gütezeichen, nach dem man bei der Routenplanung Ausschau halten kann.

Was darf im Wanderrucksack nicht fehlen?

ANNKATRIN: Eine Mülltüte für eigenen und fremden Müll haben wir immer dabei. Am Wegesrand sieht man vieles, das dort nicht hingehört. Ein Erste-Hilfe-Kit und eine Notfallration an Snacks sind auch immer in unseren Taschen!

Tipps für Planung und Reise

AUSGEZEICHNETE WANDERROUTEN: Der Deutsche Wanderverband zählt etwa 300.000 Kilometer markierte Wanderwege in Deutschland. Unter wanderbares-deutschland.de listet der Verband über 500 Wanderwege, die nach Schwierigkeit (Höhenmeter, Strecke, Dauer), Regionen und Auszeichnung gefiltert werden können. Das Prädikat »Qualitätsweg« vergibt die Vereinigung sowohl für kurze als auch für lange Wege. Das Portal ist außerdem eine gute Anlaufstelle für Informationen zu den durch Deutschland führenden Europäischen Fernwanderwegen – kurz E-Wege – sowie den »Leading Quality Trails – Best of Europe«. Europäische Fernwanderwege führen mindestens durch drei europäische Länder und sind Teil des Fernwanderwegenetzes, das von der Europäischen Wandervereinigung e. V. (EWV) festgelegt und von den Mitgliederorganisationen instand gehalten werden. Insgesamt gibt es zwölf E-Wege; neun verlaufen auf 9.700 Kilometern durch Deutschland. Auf dem E1 beispielsweise kann man von Flensburg bis zum Bodensee die Republik durchwandern. Die EWV zertifiziert auch die »Leading Quality Trails – Best of Europe«. Die Auszeichnung garantiert ein sicheres, abwechslungsreiches und komfortables Wandererlebnis für Fernwanderungen und Tagesetappen.[68]

PILGERN: Wer mit dem Reisen zu Fuß nach Selbstfindung und Spiritualität strebt, fühlt sich womöglich auf einem Pilgerweg besonders wohl. Die Kathedrale von Santiago de Compostela in Spanien war und ist Pilger*innen seit Jahrhunderten ein Ziel. Eben weil der Pilgerweg bereits seit so langer Zeit beschritten wird, ist er nicht nur auf den letzten 100 Kilometern ausgeschildert. Auch in Deutschland sind Wege ausgebaut und mit der gelben Muschel auf blauem Hintergrund gekennzeichnet. Unterkunft findet man hierzulande allerdings eher in Pensionen und Hotels in Wegesnähe und nicht, wie auf dem Camino Francés in Spanien, in Pilgerherbergen.

GENUSSWANDERN: Nach diesem Schlagwort sollten Wanderneulinge und Wiedereinsteiger suchen. Man findet häufig Routen ohne extreme Steigungen, die genussvolles Reisen zu Fuß ermöglichen. Der Weg ist hierbei ganz klar das Ziel und nicht, schnellstmöglich den höchsten Gipfel zu erklimmen. Genusswanderungen können kürzere Strecken sein und doch länger dauern. Etwa weil man sich Zeit nimmt, Ausblicke zu genießen, die Tierwelt zu entdecken oder auch für eine ausgedehnte Einkehr.

● *Österreichische Steiermark:* Ein wahres Genussparadies ist rund um die Riegersburg angesiedelt. Die Burg thront hoch über dem beschaulichen, gleichnamigen Örtchen und kann von vielen der zahlreichen Genussbetriebe und -manufakturen aus erblickt werden. Kürbiskernöl, Schokolade, Essig, Wein und Edelbrände, Käse und Rohschinken werden hier auf traditionelle Weise hergestellt. Beste Reisezeit ist zwischen Juli und November, wenn die sogenannten Buschenschanken der steirischen Weinbaubetriebe öffnen, um hauseigene Weine und kalte Jausenspezialitäten auszuschenken.

● *Rhein- oder Moselsteig:* Weinliebhaber*innen seien diese bekannten Fernwanderwege empfohlen. Beide führen durch steile rebenbewachsene Hänge, beeindrucken mit tollen Panoramaausblicken und bieten Dorf für Dorf Gaumenfreuden mit und ohne Promille. An welchem Fluss die Örtchen nun beschaulicher sind, dürfte zwischen Moselaner*innen und Rheinbewohner*innen eine ungeklärte Streitfrage sein. Die Zeit des teilweise gegorenen Traubenmosts – »Federweißer und -roter« genannt – heißt Wanderer*innen mit süßer Gaumenfreude im Frühherbst ab September willkommen. Feste in den Weindörfern und Steillagen finden bereits ab Mai statt, und auch viele Straußwirtschaften sind über den Sommer geöffnet.

Der Rheinsteig führt von Bonn über Koblenz bis nach Wiesbaden 320 Kilometer rechtsrheinisch bergauf und bergab. Der Moselsteig schlängelt sich 365 Kilometer entlang der beschaulichen Mosel von Perl an der deutsch-französisch-luxemburgischen Grenze bis zur Mündung in Koblenz am Deutschen Eck. Der Weg ist als »Leading Quality Trail – Best of Europe« ausgezeichnet.

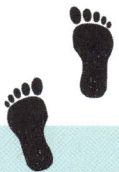

BARFUSSWANDERN:

»Unten ohne« zu gehen und zu wandern verspricht weniger Ballast und ein besonders naturnahes Wandererlebnis. Schlammbad, Kneipp-kur und Reflexzonenmassage – vor allem aber offerieren Pfützen und unebener Untergrund kostenfreie Wellness für die Füße und einen gesunden Gang. In Barfußparks oder auf speziellen Barfußpfaden kann man das Draußengehen ohne Schuhwerk auf unterschiedlichen Bodenbelägen und ohne beäugt zu werden, ausprobieren. Unter barfusspark.info findet man die nächstgelegenen Parks und Pfade.

Für die ersten Wanderungen ohne Schuhe sollte man nicht länger als zwei bis drei Stunden veranschlagen. Wessen Zehen für gewöhnlich in engem Schuhwerk stecken und besohlt durchs Leben gehen, mag die erhöhte Beanspruchung zunächst als Muskelkater oder ein Ziehen in Rücken oder Knie bemerken. Leichte Symptome können als ein Teil des Prozesses der Reaktivierung ruhender Muskeln und Bänder in den Füßen sein. Langfristig kann das Barfußgehen aber Verformun-gen (z. B. Hallux valgus der Großzehe) und Degenerationserschei-nungen entgegenwirken und orthopädische Beschwerden lindern bzw. verhindern.

FEINTOURENPLANUNG: Apps wie Bergfex, Outdooractive und Komoot helfen bei Planung, Navigation und Tracking der Wanderroute. Für einen echten Wanderurlaub lohnen sich meist die kostenpflichtigen Upgrades. Neben privaten Nutzer*innen stellen auch Tourismusverbände hier Routen ein. Wer sichergehen möchte, dass die Wege frei sind, sollte sich an die Wanderun-gen zertifizierter Nutzer*innen halten. Darüber, welche App am besten ist, herrscht selbst unter erfahrenen Outdoorler*innen Uneinigkeit. **AM BESTEN:** einfach ausprobieren!

ÜBUNG MACHT DIE/DEN WANDER*IN: Je nach geplanter Streckenlänge und Anspruch sollte man vor dem Wandererlebnis, insbesondere dem Weitwandern, Trainingszeit einplanen. Um Schuhe einzulaufen und das für die Strecke erforderliche Fitnesslevel zu erreichen, ist eine kontinuierliche Vorbereitung mit Übungswanderungen wichtig.

Nach dem Abschluss meines Bachelorstudiums plante ich mit zwei Freundinnen eine Jakobswegwanderung. Elf Tage hatten wir eingeplant, um von Lago über Santiago de Compostela bis nach Finisterre am Meer zu wandern. Eine Distanz von etwa 200 Kilometern und damit so viel, wie ich noch nie gewandert war! Einige Tagesetappen sollten 30 Kilometer und länger sein. Dass mich das als ungeübte Flachlandbewohnerin herausfordern würde, war mir bewusst. Ich würde üben müssen! Ich packte also meinen gerade neu gekauften Wanderrucksack, schwang mich in die nächste S-Bahn und fuhr nach Steinhude. Von dort umrundete ich das gesamte Steinhuder Meer auf 32 Kilometern. Das war anstrengend, fühlte sich aber erst einmal gut an. Wenig später jedoch begannen meine Achillesfersen zu schmerzen. Dann konnte ich gar nicht mehr laufen. Der mich behandelnde Arzt rief sogleich den medizinischen Nachwuchs heran und erläuterte mit unverhohlener Begeisterung den schweren und deutlich sicht- und tastbaren Grad der Überlastung an beiden Fersen. Die nächste Woche lief ich auf Krücken und musste in Schonhaltung ausharren. Zwar konnte ich die geplante Weitwanderung antreten, doch meine Fersen machten mir währenddessen immer wieder zu schaffen. Das Erlebnis habe ich mit meinem Übereifer leider geschmälert.

MINDSET VORBEREITEN: Was ist mir wichtig? Was brauche ich wirklich? Kann man diese Fragen für sich selbst beantworten, fällt der bewusste Konsum und Lebensstil nicht schwer und fühlt sich nicht nach Verzicht an. Das Weitwandern kann helfen, Antworten zu finden. Denn tagesbestimmend sind ganz grundlegende Bedürfnisse: die sichere Schlafstätte zu erreichen, den knurrenden Magen zu füllen, Schutz vor Kälte und Nässe zu finden. Weil der Wanderrucksack nicht den ganzen Hausstand und Dinge für alle Eventualitäten fasst, verfügt man für die Lösung eines Problems auch nicht unmittelbar über ein passendes Gerät oder einen Gegenstand. Das macht erfinderisch und genügsam.

Den eigenen Überlebensfähigkeiten blickte schon Henry David Thoreau 1854 ins Auge: Zwei Jahre lebte er im Wald. So einfach und unabhängig wie möglich zu leben war sein Ziel. Seine Erfahrungen schrieb er in »Walden oder Leben im Wald« (z. B. Diogenes Verlag) nieder und erkannte:

»Sollen wir denn immer trachten, mehr von solchen Dingen zu verlangen, statt einmal mit weniger zufrieden zu sein? [...] Ich will lieber einen Kürbis, den ich für mich allein habe, als gedrängt auf Samtkissen sitzen. [...] Je mehr ihr habt von derartigen Dingen, umso ärmer seid ihr.«

Eine gesellschaftskritische Lektüre und Standardwerk für alle, die reduzierter und bewusster leben möchten!

GEHMEDITATION: Selbst wenn man in Begleitung wandert, sind spätestens nach einigen Tagen sowohl die alltäglichen Themen als auch die weltbewegenden Fragestellungen durchgeplaudert. Der rhythmische Fußmarsch, gleichmäßige Atmung und Naturgeräusche und -atmosphäre bewirken nach einiger Zeit nahezu automatisch einen meditativen Zustand. Wer diesen »Raum« für die Auseinandersetzung mit dem Inneren ganz gezielt nutzen möchte, kann sich darauf mit der regelmäßigen Nutzung von Apps, wie Headspace oder Calm, vorbereiten. Die geführten Meditationen sind ein guter Einstieg für Anfänger*innen!

FERN DER ALPEN WANDERN:
TOP-5-ROUTENTIPPS FÜR DEN NORDEN DEUTSCHLANDS

- *66-Seen-Wanderweg:* Hauptstädter*innen, aufgepasst! Dieser 400 Kilometer lange Rundweg führt euch geradewegs von der Haustür aus (bzw. nach einer kurzen S-Bahnfahrt nach Potsdam) zu den schönsten Seen in Brandenburg. 17 Etappen zählt der Flachlandwanderweg, die einzeln auch als Tageswanderung bestritten werden können.

- *Heidschnuckenweg:* Die etwa 240 Kilometer zwischen Hamburg und Hannover lassen sich am schnellsten auf der Autobahn oder mit dem Zug zurücklegen. Am schönsten quert man den Norden Deutschlands aber entlang des Heidschnuckenwegs. Vielleicht läuft dir ja sogar eine Herde der tierischen Landschaftspfleger über den Weg! Dank der Heidebahn finden sich bei mehreren Etappenzielen Bahnhöfe, sodass beliebig abgekürzt werden kann.

- *Harzer-Hexen-Stieg:* Auf dem rund 100 Kilometer langen Weitwanderweg durch den Nationalpark Harz kommen selbst in den rationalsten Köpfen Spuk und Mystik auf. Der Brocken alias Blocksberg, um den in der Walpurgisnacht schon so manche*r schwor, Hexen und Teufel tanzen gesehen zu haben, ist nur ein Highlight.

- *Werra-Burgen-Steig:* Märchenhaft wandelt man auch auf den etwa 130 Kilometern im Geo-Naturpark Frau-Holle-Land. An den hessischen Burgen und Schlössern erfreuen sich Wander*innen schon seit dem Ende des 19. Jahrhunderts.

- *Störtebekerweg:* Auf den Spuren des bekanntesten aller Nordseepiraten wandelt man zwischen Leer und Wilhelmshaven. Auf und neben dem Deich, über Schafsgatter und Zäune geht es den Großteil der 190 Kilometer an der ostfriesischen Nordseeküste entlang. Optional: eine Wattwanderung, z. B. nach Norderney.

NICHTS ZURÜCKLASSEN: Immer der Nase nach und querfeldein, das klingt abenteuerlich! In Nationalparks sollte man sich allerdings auf den Wegen halten. Hier wird die Natur ganz bewusst sich selbst überlassen. Das »Vorsich-hin-Vegetieren« soll ungestört bleiben. Keine Sorge: Die ausgeschilderten Wege und Aussichtspunkte berücksichtigen die visuellen Höhepunkte!

Nichts zurücklassen außer Fußspuren! Neben Verpackungsmüll und Zigarettenfiltern gehören auch Bio-abfälle und Papiertaschentücher zurück in den Rucksack. Fürs Geschäft und die Nase genutzt, sind benutzte Taschentücher zugegeben eine eklige Fracht, deren man sich schnell entledigen möchte. Jedoch: Weil Papiertaschentüchern häufig Zusatzstoffe beigemischt sind, um sie reißfester zu machen, kann der Abbau in der Natur bis zu fünf Jahre dauern. Bananen- und Orangenschale gehören ebenfalls bis zum nächsten Abfalleimer getragen. Die festen Fruchthüllen benötigen bei den Temperaturen in Mitteleuropa bis zu drei Jahre, bis sie zersetzt sind, und sind nicht selten mit Pflanzenschutzmitteln belastet.[69]

Ausrüstung und Packliste

Ob mehrtägige Wanderung im Flachland oder Alpenquerung – bei keiner anderen Art des Reisen gilt die Devise des Packens so ausdrücklich: so viel wie nötig, so wenig wie möglich. Hinsichtlich des auf dem Rücken zu tragenden Gewichts empfiehlt der Rucksackhersteller Deuter trainierten Wandersfrauen und -männern die Faustformel, das Körpergewicht durch fünf zu teilen. Maximal 20 Prozent des Körpergewichts sollte das dauerhaft zu schulternde Gewicht ausmachen.[70]

GUT BESOHLT: Bei regelmäßiger und weiter Wanderabsicht lohnt die Investition in ein gescheites Paar Wanderschuhe. Gut eingelaufen, geben die Schuhe Stabilität und Schutz in unwegsamem Gelände. Wichtig ist, nicht mit den brandneuen Galoschen loszugaloppieren, sondern die Schuhe einzulaufen. Wenn die Schuhe bereits viele Höhen und Kilometer hinter sich haben, bieten Hersteller wie Lowa Reparaturleistungen und sogar eine Neubesohlung an. 16.079 Schuhen hat das in Europa produzierende Traditionsunternehmen nach eigenen Angaben bis 2019 neue Sohlen verpasst.[71] Hanwag produziert seine Wanderschuhe in Bayern. Neben Performance und Langlebigkeit durch eine qualitative Verarbeitung und Wiederbesohlung setzt das Unternehmen auf Nachhaltigkeit mit den verwendeten Materialien, etwa chromsalzfrei und ökologisch gegerbtes Leder sowie Futtermaterial ohne Fluorchemie. Mammut mit Sitz in der Schweiz ist seit 2008 Mitglied der Fair Wear Foundation und war damit der erste Outdoorhersteller, der sich dem Verein für ethische Textilproduktion angeschlossen hat. Als Bluesign-Partner verpflichtet sich das international produzierende Unternehmen um schadstoffarme Herstellung seiner Textilien.

Wer das Abenteuer Barfußwandern wagen möchte, kann sich mit dem Tragen von Minimalschuhen im Arbeitsalltag langsam herantasten: Die ultraleichten Schuhe des Kölner Unternehmens Wildling haben eine minimale Sohle von gerade einmal 2,5 Millimetern, keine Stützung, atmungsaktive Obermaterialien und viel Platz für die Zehen. Für Nullabsatz und Zehenfreiheit stehen auch die Barfußschuhe von ZAQQ, die in Deutschland.produziert werden. Hier finden sich sogar zwei zum Gebirgswandern geeignete Modelle im Sortiment, deren Sohle und Schaft Rutschfestigkeit und Halt versprechen.

RICHTIG SITZENDER RUCKSACK:

Insbesondere wenn eine Fernwanderung ohne Gepäcktransport geplant ist, gehört ein leichter, funktionaler und zu Größe und Körpergewicht passender Rucksack zur Grundausstattung. Eine Beratung im Fachgeschäft ist ihren Aufpreis wert! Wer doch online kauft, sollte zumindest in ein Markenprodukt investieren. Viele Hersteller haben lokale Partnergeschäfte, die beim Einstellen für den richtigen Sitz helfen. Für einen solchen sorgen unter anderem Hüft- und Brustgurt, die den Wanderrucksack auch optisch eindeutig vom Freizeitrucksack unterscheiden. Der Hersteller Deuter gewährt einen lebenslangen Reparaturservice. Produziert wird in Vietnam in zwei Fabriken. Die Zahl der Lieferanten ist bewusst überschaubar gehalten. 2020 wurde Deuter zum achten Mal von der Fair Wear Foundation mit dem Leader Status ausgezeichnet.

LEICHTGEPÄCK FÜR DIE NACHT: Beim Übernachtungsequipment sind Schutz vor Nässe und Wind, Thermoisolierung und Leichtigkeit die abzuhakenden Kriterien. Wer vorhat, unter freiem Himmel zu schlafen, findet in einer Nylonhängematte eine leichtgewichtige Alternative zum Zelt. Von Outdoorherstellern gibt es diese zusätzlich mit Einschubfach für die Isomatte, isolierendem Top- oder Underquilt und Moskitonetz. Zum klassischen Schlafsack gibt es multifunktionale Alternativen. Voited zum Beispiel bietet mit seinem PillowBlanket™ Decke, Schlafsack, Kissen oder Poncho in einem.

TROCKENE PAUSE: Beim Verschnaufen auf hartem, nassem oder kaltem Untergrund verschafft ein Isolierkissen Komfort und schützt empfindliche Blasen und Nieren vor Unterkühlung.

TASCHENMESSER: Das originale Schweizer Taschenmesser ist ein Multitasking-Tool für alle Lebenslagen. Neben Schneiden und Schnitzen hält es kompakt weitere Werkzeuge bereit, wie Korken- und Dosenöffner, Pinzette und Säge. Etwas minimalistischer kommt ein weiterer Klassiker daher: das in Frankreich hergestellte Opinel-Klappmesser.

PRÄVENTION UND ERSTE HILFE BEI BLASEN UND DRUCKSTELLEN: Absolute Nemesis aller Wander*innen sind Blasen und Druckstellen. Diese bilden sich durch Reibung, z. B. zwischen einer lose sitzenden Socke und der äußeren Hautschicht. Obere und tiefere Hautschichten lösen sich dadurch voneinander. Der Zwischenraum füllt sich zum Schutz vor Gewebeschädigung mit Flüssigkeit. Passgenaue Socken und eingelaufene Schuhe beugen Blasen und Druckstellen an den Füßen vor.

Absolutes No-Go beim Fußkleid: Baumwollstoff. Besser: eng anliegende Socken aus natürlich temperatur- und feuchtigkeitsregulierender Merinowolle. **PROFITIPP:** doppellagige Anti-Blasen-Socken.

Macht sich Druck oder gar Schmerz bemerkbar, gilt es, schnell zu reagieren. Spezielle Blasenpflaster bestehen aus einer Gelmasse, die die Druckstelle oder Blase polstert. Nicht günstig, aber sowohl prophylaktisch als auch zur Akutversorgung (ihr) Gold wert!

- Wanderschuhe
- Rucksack
- Schlafsack, Decke und (Isolier-)Kissen
- Taschenmesser
- Blasenpflaster
- ....
- ....

Wandern mit Kindern

Beim Wanderurlaub mit Kind sind Alter und Können des jüngsten Reisecrew-mitglieds ausschlaggebend für Planung und Durchführung. Der Deutsche Alpen-verein (DAV) gibt Orientierungshilfe, welche Gehzeit sowie Streckenbeschaffen-heit Kindern unterschiedlicher Altersgruppen zuzutrauen ist.[72]

EIN BIS DREI JAHRE: Sobald Kinder stabil sitzen, können sie als Traglinge mit von der Wanderpartie sein. Essenziell ist eine hochwertige, bequeme Kraxe (Wandertrage), mit der man das Kleinkind auf dem Rücken tragen kann. Wie lange, weit und hoch man wandert, bestimmen Kondition und Können der Tragenden. Häufige Pausen, in denen das Kind sich frei bewegen kann, sind jedoch ebenso wichtig wie der Schutz vor Unterkühlung oder Überhitzung in der Trage.

Eine Alternative zur Trage ist der Outdoor-Kinderwagen. Der Heilige Gral unter den Offroad-Kinderwagen ist der »Hike Kid«. Dank großer Luftreifen, mit nur einer Achse und der Wahl zwischen Schieben oder Ziehen ist er berggängig.

Mit ultraleichten 6,5 Kilogramm und speziellen Federungen sowohl über Reifen als auch Sitz des Kindes ist er außerdem am Strand, im Schnee und über Stufen in der Stadt ziehbar.

BIS SECHS JAHRE: Im Kindergartenalter sollte die Länge der Tour drei bis vier Stunden Gehzeit nicht überschreiten. Berggipfel erklimmen ist machbar, aber der DAV rät von längeren Passagen auf ausgesetzten und absturzgefährdeten Wegen ab.

Viele Nationalparks und Wanderregionen haben Lehr- und Erlebnispfade erschlossen. Perfekt, um Kinder an das Wandern heranzuführen. Die dort gebotenen Spiele, Beobachtungs- und Rätselaufgaben machen Lust auf mehr. Anders als Erwachsene erholen sich Kinder nicht durch Stillsitzen, sondern durch freies Spiel und Bewegen. Die Wahl der Rastplätze sollte dies berücksichtigen, heißt: weder absturzgefährdet noch an sonstigen Gefahrenquellen liegend.

BIS ZEHN JAHREN: Kinder im frühen Schulkindalter können bereits Gehzeiten von bis zu fünf Stunden – bei entsprechenden Pausen – sowie steilere Wege oder mehrere »Kraxelstellen« bewältigen.

»Gamification« ist auch für diese Altersgruppe ein Motivator. **IDEE:** Ein Buch mit Bezug zur Region oder zum Wandern mitnehmen und an Raststationen ein Kapitel lesen. Je nach regionalem Angebot kann auch die geführte Wanderung mit Tieren – Eseln beispielsweise – ein zusätzlich spannendes Element für Kinder darstellen.

TEENIES: Ab dem späten Schulkindalter sind Ausdauer erfordernde Ganztageswanderungen von bis zu sieben Stunden möglich. Das Alter erlaubt auch mehrtägige Hüttenwanderungen. Aufstehen, losgehen – der erste Motivationsschub am Morgen verpufft dann nicht bei der Anfahrt. **TIPP:** Eine Hängematte, die während der Rast aufgespannt wird, gibt Jugendlichen in der Pause eine Rückzugsmöglichkeit.

»WANN SIND WIR DA?«

Wer auf diese kindliche Frage keine Antwort hat oder sich allzu oft vertut, drückt die Motivation und Stimmung im Nu. **WICHTIG:** In Tourenbüchern und auf Wegweisern wird die Normalgehzeit von Erwachsenen berücksichtigt. Eine realistische Zeitabschätzung der Gehzeit mit Kind entspricht dem mindestens Eineinhalbfachen der ausgewiesenen Dauer.

Die Route, ihre Highlights und Raststellen bereits zu kennen ist für die Wanderung mit Kind optimal. Weitere und unbekannte Strecken lassen sich auch in Begleitung von Wanderführer*innen zurücklegen. Diese wissen Antworten auf die drängenden Fragen der jungen (und alten) Wander*innen und nehmen damit auch ein wenig Animationsarbeit ab. Der Deutsche Alpenverein etwa bietet Bergferien für Familien mit Kindern ab vier Jahren an.[73] Touren und Programm sind professionell betreut und auf das Kinderalter abgestimmt. Erfahrene und spezialisierte Reiseanbieter übernehmen mit Ortskenntnis Tourenplanungen über mehrere Tage hinweg für Familien, die unbegleitet wandern möchten.

Auf dem Rad

MIT DEM DRAHTESEL
AUF LANGER STRECKE

Rund 20 Prozent der Radurlaubenden nutzen das Rad nicht nur zur Fortbewegung während des Urlaubs, sondern auch zur An- und Abreise.[74] Das Radfahren selbst ist völlig emissions- und lärmfrei und schützt damit sowohl die Um- als auch die Tierwelt.

Umweltschutz & Gesundheitsvorsorge auf dem Zweirad

Laut Bundesministerium für Verkehr und digitale Infrastruktur (BMVI) ist die »Förderung des Radverkehrs Bestandteil vieler Strategien zu Klimaschutz, zur Lärmminderung, zur Luftreinhaltung und zur Gesundheitsvorsorge«.[75] Im Bereich des Radtourismus entstand so im Rahmen des Nationalen Radverkehrsplans (NRVP) seit 2002 das Deutschlandroutennetz (siehe Seite 113) und wird unter Bundesförderung weiterhin ausgebaut.

Dass das Radeln als Mobilitätsalternative auch über tägliche Kurzstrecken wie dem Arbeitsweg hinaus seit Jahren an Beliebtheit gewinnt, liegt auch am wachsenden Gesundheitsbewusstsein. Radfahren

- Gelenke schonend und mobilisierend (besonders für »Sesselarbeitende«),

- Ausdauer, Leistungsfähigkeit und Wohlbefinden fördernd (mehr Kraft und Reaktionsschnelligkeit),

- Krankheiten und körperlichen Beschwerden vorbeugend (gute Sturzprophylaxe),

- durch den Muskelaufbau den Fettstoffwechsel aktivierend und optimierend (weniger Gewichtszunahme).

VOLL FLEXIBEL: MIT ELEKTROANTRIEB AUF ZWEI RÄDERN

Der Trend zur Elektromobilität ist auch im Radverkehr ungebrochen. 2020 lag der Anteil der Radreisenden mit elektrischer Unterstützung bei nahezu einem Drittel.[76] Wer E-Bike sagt, meint meist ein Pedal Electric Cycle – kurz Pedelec: Diese Räder werden mit Muskelkraft angetrieben und durch einen elektrischen Motor bis zu einer Geschwindigkeit von 25 Kilometern pro Stunde unterstützt. Rechtlich gelten Pedelecs als Fahrrad und erfordern damit weder eine Fahrerlaubnis, noch unterliegen sie einer Helmpflicht. Anders S-Pedelecs oder E-Bikes. Denn diese haben eine höhere Leistung, erlauben schnelleres Fahren und den Antrieb ganz ohne Treten.

Der Kauf eines Pedelecs oder E-Bikes dürfte nur dann ökologisch – und bei mindestens 2.000 Euro Anschaffungskosten ökonomisch – sinnvoll sein, wenn es auch im Alltag genutzt wird und energie- und emissionsintensivere Fortbewegungsmittel ersetzt. In diesem Fall empfiehlt das Umweltbundesamt, auf eine lange Akkulebensdauer sowie Austauschbarkeit und Verfügbarkeit von Ersatzakkus und – wie generell beim Neukauf von Dingen – auf eine langlebige, reparaturfreundliche und recyclinggerechte Konstruktion zu achten.[77]

Für die gelegentliche Nutzung im Urlaub oder bei Ausflügen auf anspruchsvollen Strecken und vielleicht mit ordentlicher Last im Schlepptau (siehe Kapitel »Radreisen mit Kindern« ab Seite 122) hat sich eine gute Mietinfrastruktur etabliert. Das Leihen von E-Bikes ist in vielen Radregionen und entlang Radrouten tage- und wochenweise möglich. Ein Abonnement für einen längeren Zeitraum bietet zum Beispiel der Allgemeine Deutsche Automobil-Club (ADAC) seinen Mitgliedern an.

Reisereport: Eddie und Laura von »The OGNC«

Laura und Eddie aus Berlin haben im Coronafrühling mit dem Ziel aufgesattelt, sich deutlich mehr zu bewegen, Infektionsrisiken in öffentlichen Verkehrsmitteln zu umgehen, langfristig Geld zu sparen und zugleich Klimakarmapunkte zu gewinnen. Laura, Endzwanzigerin, hat sich einem minimalistischen Lebensstil verschrieben und das deutschsprachige Blogazine The OGNC gegründet. Mit redaktioneller Unterstützung beweist sie hier, wie vielfältig eine minimalistische und nachhaltige Lebensweise sein kann. Außerdem arbeitet sie freiberuflich für Naturkosmetikunternehmen im Bereich Online- und Social-Media-Marketing.

Laura, du und Eddie, seid ihr nur noch mit dem Rad unterwegs?
Tatsächlich haben wir innerhalb eines Dreivierteljahres nur einmal den Bus gebraucht. Ein Auto haben wir nicht. Zur Not leihen wir uns eines, denn in Berlin gibt es zig Carsharinganbieter!

Welche Investitionen waren nötig, damit das Rad euer Fortbewegungsmittel Nummer 1 werden konnte?
Unsere Räder. Eddie hat sich nach einem Krankenhausaufenthalt ein richtiges Flitzerennrad gegönnt. Für ihn war das eine Investition in seine Gesundheit. Ich wollte ihn dabei unterstützen und habe ihn zunächst auf meinem Cityrad begleitet. Nach der ersten langen Tour mit über 40 Kilometern stand aber fest: Wenn uns beide das Rad als alltägliches Fortbewegungsmittel und das Radeln als Hobby dauerhaft begleiten soll, muss auch ich aufrüsten. Ich habe mich für ein Gravel Bike entschieden. Gekauft habe ich das Rad als Zweite-Wahl-Modell. Solche Räder sind in der Regel zwischen zehn und 25 Prozent günstiger, weil sie zu Test- oder Demozwecken schon einmal gefahren wurden, aber kleine optische Mängel oder Gebrauchsspuren aufweisen. Manchmal kann man sogar noch mehr sparen. Da das Rad zu unserem Hauptverkehrsmittel avanciert ist, hatten wir die Kosten für die Neuanschaffung nach sechs Monaten raus.

GRAVEL BIKE: Ein Trendrad, dessen Rahmen und Lenker sich am Rennrad orientiert. Die Gabel allerdings ist breiter und erlaubt eine Bereifung, die auch für Asphalt-, Schotter- und Waldwege geeignet ist. Der große Vorteil des Gravel Bikes gegenüber dem beliebten Allround-Trekkingrad ist das geringere Gewicht.

Was begeistert dich am Radfahren besonders?

Man ist der Natur extrem nah und sieht viel. Trotzdem ist man flotter unterwegs als zu Fuß. Man kommt an Ecken, in die man mit dem Auto nicht gelangen würde. Ich habe Berlin innerhalb eines Jahres besser kennengelernt als in den vorherigen 25 Jahren mit den Öffis. Ich bin sehr flexibel, und insbesondere in der Großstadt ist das Rad ein gutes alltägliches Fortbewegungsmittel. Bei Strecken bis fünf Kilometer ist man mit dem Rad erwiesenermaßen sogar am schnellsten unterwegs.[78]

Auch aus Nachhaltigkeitsperspektive ist das Radeln – im Alltag wie im Urlaub – eine gute Wahl. Ein ökologischer Fußabdruck hat sogenannte Big Points, wie Mobilität und Ernährung. Wer diese beiden Punkte mit emissionsarmer Fortbewegung und vorwiegend vegetarischem oder veganem Essen angeht, leistet einen großen Beitrag zum Umwelt- und Klimaschutz. Für mich ein absoluter Lifechanger zu einem sehr viel nachhaltigeren Leben!

Mit dem Rad auf Reise – wie bereitet man sich darauf vor?

Übung! Radfahren ist eine sportliche Aktivität. Wer für gewöhnlich zehn Kilometer locker joggt, läuft morgen keinen Marathon. Und niemand, der sonst nur sonntäglich spaziert, begibt sich ungeübt auf eine Fernwanderung. Zunächst sind wir also zwischen 30 und 50 Kilometer lange Touren stadtauswärts aus Berlin gefahren. Das schafft man mit einem Renn- oder Gravel Bike im Sommer auch noch nach einem Arbeitstag. Gesteigert haben wir uns dann auf sportliche 100 Kilometer pro Tour. Bevor wir überhaupt in die Planung eines mehrtägigen Urlaubs auf dem Rad einstiegen, wollten wir unsere Grenzen testen.

Und wie habt ihr das angestellt?

Wir sind um 3:30 Uhr im noch ganz schläfrigen Berlin losgeradelt und haben uns Eddies Elternhaus in der Nähe von Hannover als Ziel gesetzt. Um halb acht Uhr abends sind wir dort nach etwa 260 Kilometer Wegstrecke angekommen. Ich kann nur empfehlen, dass man für sich selbst herausfindet, was Spaß macht und ab wann es nur noch Quälerei ist.

Dabei erfährt man auch, welche Herausforderungen das Weitradeln an einen stellt. So kann man das Rad entsprechend aufrüsten, ohne in unnötigen Schnickschnack zu investieren. Zum Beispiel: Macht das mein Gesäß mit? Brauche ich ein Bike-Pad? Welcher Sattel ist für mich der richtige? Ich habe für mich entdeckt, dass ich bis zu 70 Kilometer auch in normaler Sporthose und ohne Polsterung am Po radeln kann.

Oder die Belastung der Handgelenke: Sitzt man dauerhaft gebeugt, können die Handgelenke wehtun. Hier kann sich ein Lenker mit Hörnern als hilfreich erweisen, der verschiedene Griffpositionen erlaubt. Was man braucht und worauf man verzichten kann, erfordert Ausprobieren.

Nicht jede Strecke beginnt vor der eigenen Haustür. Was ist bei der Anreise zu beachten?

In unserem ersten Sommerurlaub auf dem Rad sind wir mit dem Zug nach Greifswald gefahren und von dort etwa 100 Kilometer am selben Tag nach Wolgast geradelt. Von hier aus haben wir die nächsten Tage Usedom erkundet. Wichtig zu wissen ist, dass die Beförderungsbedingungen in Regionalzügen andere sind als im Fernverkehr. In Intercity- und Eurocity-Zügen und auf ICE-Linien kann das Rad nur auf speziellen Fahrradstellplätzen mitgenommen werden. Wenn das Fahrradabteil bei der Buchung voll ist, hat man Pech. Eine Stellplatzreservierung ist zusätzlich zum Ticket für das Rad immer nötig. In Regionalzügen gibt es eine Mitnahmegarantie für Fahrräder leider nicht – hier empfehle ich, auf das Fahren während der Stoßzeiten zu verzichten.

Tipps für Planung und Reise

TOURENPLANUNG: Der Allgemeine Deutsche Fahrrad-Club (ADFC) beziffert die Zahl der Radfernwege in Deutschland auf 265. Mit dem Siegel »Qualitäts-radrouten« zeichnet der Verband gut erschlossene Strecken aus, auf denen Radelgenuss garantiert ist. Bewertet werden unter anderem die Befahrbarkeit, Wegweisung, Verkehrsbelastung, touristische Infrastruktur und Anbindung an Bus und Bahn.

● *D-Routen:* Die 12 sogenannten Deutschlandrouten (D-Routen) sind infrastrukturell besonders gut entwickelt und erstrecken sich auf weit über 10.000 Kilometern entlang Flüssen oder themati-schen Routen, wie die Pilgerroute (D-Route 7). Gekennzeichnet sind die Routen mit einem Rad sowie der laufenden Nummer vor rotem Hintergrund. Die Route 11 ist die längste der D-Routen und führt auf etwa 1.700 Kilometern von der Ostsee bis nach Oberbayern. 22 Ta-gesetappen schlägt das Portal Rad Kompass für diesen Weg vor.[79]

● *Radeln im Ausland:* Eine Alpen-querung auf zwei Rädern über den Via-Claudia-Augusta-Weg gehört unter den Deutschen zu den beliebtesten Radfernwegen im Ausland. Eine gute Stre-ckenplanung innerhalb von Deutschland und im europäischen Ausland bieten außerdem die 16 EuroVelo-Routen des Europäischen Radfahrerverbandes (ECF). Das europäische Radfernwegenetz ermöglicht die Erkundung Europas zu Rad auf über 90.000 Kilometern auf zehn Nord-Süd-Wegen, vier West-Ost-Wegen und zwei Rundwegen.

● *Navigationsapps:* Unter Radelnden laut ADFC besonders beliebt ist die Routenplanung über die Apps Komoot oder Google Maps.[80] Komoot kann kostenpflichtig als Vollversion genutzt oder zu einem reduzierten Preis für bestimmte Regionen freigeschaltet werden. Entsprechend dem eingegebenen Ziel, Trainingslevel und angestrebtem Schwierigkeitsgrad, Radtyp und vielen weiteren Parametern werden mögliche Strecken mit Angaben zur erwarteten Fahrzeit vorgeschlagen. Wie bei Google Maps gibt es die Möglichkeit, die Routen zu individualisieren, um zum Beispiel Städte zu umfahren oder nahe gelegene Highlights, ähnlich Googles »Points of Interest«, in die Routenplanung aufzunehmen. Einige Radfernwege und -regionen bieten außerdem eigene Apps oder Etappenführer an. Der Routenfinder des ADFC empfiehlt solche in seinen Routenbeschreibungen ebenso wie Sehenswertes und E-Bike-Mietstationen entlang der Strecke.

DIE SCHÖNSTEN STRECKEN – TOP-5-RADROUTENTIPPS

● *Der von See zu See:* Vom Bodensee zum Königssee geht es auf über 400 Kilometern durch Allgäu und Oberbayern. Entlang der Strecke heißt Sontheim, eine von 2.000 Fairtrade Towns weltweit, Radwander*innen willkommen, beeindrucken die Märchenschlösser Schwanstein und Hohenschwangau und laden zahlreiche weitere Seen und Flüsse zum Baden ein (bodensee-koenigssee-radweg.de).

● *Der Beliebteste:* Im Jahr 2020 war der Elbe-Radweg (D-Route 10) der meistbefahrene Radfernweg Deutschlands.[81] Über 800 Kilometer radelt man von der Elbemündung bis nach Bad Schandau. Ab da führen weitere 400 Kilometer Wegstrecke bis ins tschechische Riesengebirge, wo der reißende Fluss als dünnes Rinnsal entspringt (elberadweg.de).

- *Der für Genießer*innen:* Der Kraut-und-Rüben-Radweg führt 140 Kilometer durch die Pfalz von Bockenheim bis an die französische Grenze. (Wein-)Durst und Hunger können jederzeit entlang des Radweges in einem der vielen Genussbetriebe gestillt werden, z. B. mit deftig Pfälzischem wie Saumagen (kraut-und-rueben-radweg.de).

- *Der Internationale:* 700 Radkilometer und eine kurze Seereise liegen zwischen Berlin und Kopenhagen. Möchtest du »nur« One-Way radeln, sei dir das Mieten eines Rades ans Herz gelegt. Die Leihservices MTB-tours in Værløse (Kopenhagen) und Fahrradstation in Berlin haben sich dafür zusammengeschlossen (bike-berlin-copenhagen.com).

- *Der Wohlklingende:* »La Vélodyssée« wird die EuroVelo-Route 1 entlang der französischen Atlantikküste genannt. Wenn sie mit 1.200 Kilometern auch eine außerordentlich lange Tour ist, wird sie sicher nicht zur Irrfahrt – dafür sorgen die Wegbeschilderung und die mit einem weißen Radfahrersymbol auf grünem Grund (»Accueil Vélo«) gekennzeichneten, radfreundlichen Betriebe (cycling-lavelodyssee.com).

ÜBERNACHTEN MIT RAD: 5.800 radfreundliche Hotels, Pensionen, Hostels und Campingplätze führt die Bett+Bike-App des ADFC deutschlandweit. Kriterien für die Auszeichnung sind die Möglichkeit von Eine-Nacht-Aufenthalten, ein sicheres und trockenes Plätzchen für den Drahtesel sowie Ausrüstung und Kleidung, das Vorhandensein von Werkzeug und Utensilien für Basisreparaturen sowie weitere Serviceleistungen, die speziell auf Radler*innen abgestimmt sind (z. B. Gepäcktransport, Radvermietung).

Wer es persönlicher mag, fährt gut mit einer Warm-Showers-Mitgliedschaft. Auf der Plattform finden Unterkunftsuchende private Gastgeber*innen. In der weltweit 160.521 Mitglieder zählenden Community werden unentgeltlich Schlafplätze für Radler*innen angeboten. Das Prinzip der Gemeinschaft beruht wie bei Couchsurfing (siehe Seite 42) auf Gegenseitigkeit.

GLEICHGESINNTE FINDEN: Mitfahrer*innen gesucht? Wer sich nicht allein ins Radfahrabenteuer stürzen möchte, findet in der Mitradelzentrale des ADFC Begleiter*innen für Etappen oder ganze Routen. Auch die App Cyclique verbindet Freizeitradler*innen sowie Radurlauber*innen miteinander.

DAS RAD ALS PACKESEL: Statt selbst Gepäck zu schultern, gibt es am Fahrrad vielfältige Anbringungsmöglichkeiten für alles, was mitmuss. Lässt das Rad keinen aufrechten Sitz zu, sollte auf einen Rucksack verzichtet werden. Hat dein Rad keinen Gepäckträger, gibt es auch Taschen, die sich an Lenker, im Rahmendreieck, an der Sattelstütze, der Gabel oder dem Oberrohr – oft einfach mit Klettverschlüssen – anbringen lassen. Welche Anbringung und Taschengröße geeignet ist, richtet sich nach der Beschaffenheit deines Rads und deinen Bedürfnissen nach Gepäckgewicht und -volumen. Um im Gleichgewicht zu bleiben, gilt es, den Drahtesel von hinten nach vorne aufzuzäumen – hinten viel Gewicht, vorne wenig. Das bedeutet, dass die schweren Utensilien in den hinteren Taschen verstaut werden, die leichten vorne am Lenker – etwa auch die Dinge, an die man häufig und während der Fahrt gelangen muss, wie Karten und Navigationsgerät, Handy und Kamera, Zahlungsmittel und Snacks.

TRAINIEREN UND SPAREN MIT JOBRAD: Wer sich auf eine mehrtägige Tour vorbereiten möchte und dafür auf dem Arbeitsweg das Auto durch das Rad ersetzt, kann mit JobRad bei der Neuanschaffung eines Fahrrads sparen. **SO FUNKTIONIERT'S:** Arbeitgebende leasen das Wunschrad, das sich Angestellte beim Fachhändler online oder im stationären Handel aussuchen. Vom monatlichen Bruttogehalt wird der Leasingbetrag abgezogen. Der dadurch entstehende Steuervorteil spart gegenüber einem herkömmlichen Kauf bis zu 40 Prozent. Training im Alltag, ein neues Rad zum Sparpreis und Umweltschutz in einem – ein perfektes Beispiel dafür, wie sich nachhaltigeres Handeln mehrfach auszahlen kann!

Leihen statt kaufen: Entlang vieler Fernradwege kann man Räder auch leihen. Die Vorteile: Die gegebenenfalls nötige Anreise zum Start und die Abreise vom Endpunkt sind stressfrei. Das Montieren eines Radgepäckträgers entfällt, ebenso die Radreservierung im Zug.

NACHHALTIGE RÄDER: Während das Rad ökologisch auf der Straße punktet, ist für Nachhaltigkeit bei der Produktion noch Luft nach oben. Die meisten Rahmen sind aus Stahl oder Aluminium gefertigt und damit aus Werkstoffen, die in der Herstellung viel Energie benötigen. Immerhin können sie auch wieder recycelt werden. Es gibt aber auch Leuchttürme, die sich um nachhaltigeren Materialeinsatz bemühen: Der schwedische Hersteller Vélosophy setzt mit seinen »Re:cycle«-Modellen auf Alurahmen aus recycelten Kaffeekapseln. MyBoo aus Kiel nutzt den schnell nachwachsenden Rohstoff Bambus. Der Bambus stammt aus Ghana, wo das Unternehmen 35 Menschen unter fairen Bedingungen anstellt und mithilfe der Erlöse eine Schule unterhält. My Esel aus Österreich verwendet für die Radrahmen hingegen Hölzer aus nachhaltiger Forstwirtschaft aus Österreich und der EU.

Ausrüstung und Packliste

Wie auch beim Reisen zu Fuß buckelst du das Gepäck. Ein Richtwert für die maximale Zuladung sind etwa zwölf Kilogramm. Der ADFC stellt online eine umfangreiche Packliste für Radreisen zur Verfügung.[82] Neben dem üblichen Reisegepäck sollten diese Utensilien nicht fehlen:

SOS FÜRS RAD: Flickzeug, Ersatzschlauch, Multitool sowie eine Minipumpe sind absolute Grundausstattung auf langen Fahrten. Ersatzseilzüge für Bremsen und Schaltung, Kleinteile wie Muttern, Schrauben, Scheiben, Bremsschuhe, Draht und Zwei-Komponenten-Kleber führen Profis außerdem mit sich, die sich mit ihrem Rad auskennen.

LUFTDRUCKMESSER: Reifendruck ist wichtig, um schnell voranzukommen, ein leichtes Fahrerlebnis zu haben und sicher zu fahren. Der optimale Reifendruck liegt je nach Rad- und Reifentyp sowie Gewicht zwischen zweieinhalb (Mountainbike) und über sechs Bar (Rennrad). Sind das Maß der Reibung zwischen Reifen und Oberfläche, der Rollwiderstand und der Grip – also der Kontakt zum Untergrund – ausgeglichen, ist das Pannenrisiko reduziert, und es fährt sich weniger anstrengend.

TRICK-17 GEGEN WUNDE STELLEN: Zinksalbe hilft bei Hautreizung. Weil Vorsorge besser ist als Nachsorge, ist bei langen Touren auf perfekt passende Radlerhosen mit Wattierung zu achten. Die trägt man im Übrigen ohne Unterhose!

SICHER AUF DEM DRAHTESEL: Als Radfahrer*in nimmt man aktiv am Straßenverkehr teil. Neben Selbstverständlichkeiten der Straßenverkehrsordnung sind – je nach Region und Land – weitere Sicherheitsvorschriften hinsichtlich Verhalten und Fahrradausstattung zu beachten.

● *Nie ohne Helm:* In Deutschland gibt es keine Helmpflicht. Während sich auf Ski- und Snowboardpisten der Helm als Statement durchgesetzt hat, fühlt sich der Großteil der Radler*innen auch ohne Kopfschutz sicher. Nur etwa 23 Prozent aller Radfahrenden tragen einen Helm auf dem Zweirad, beobachtet das Bundesamt für Straßenwesen.[83] Ein Trugschluss: Insbesondere Hirnverletzungen können bei einem Unfall oder Sturz abgemildert oder gar vermieden werden. Der Helm ist eines der Utensilien, bei dem Funktionalität und Sitz vor Look und Nachhaltigkeit gehen. Helme sollten sturzfrei sein und daher nicht aus zweiter Hand gekauft werden. Eine Beratung in einem Fachgeschäft garantiert optimalen Sitz. Im europäischen Ausland hingegen kann das Tragen eines Fahrradhelms verpflichtend sein: Malta und Finnland schreiben Radfahrenden jedes Alters vor, einen Helm zu benutzen. In Spanien und der Slowakei ist das außerhalb geschlossener Ortschaften für alle Pflicht. In Estland,

Litauen, Österreich, Tschechien, Kroatien, Schweden, Slowenien, Island und auch der Slowakei müssen Kinder und Jugendliche grundsätzlich einen Fahrradhelm tragen. Bis zu welchem Alter diese Helmpflicht gilt, variiert von Land zu Land. In Tschechien fallen beispielsweise Jugendliche bis 18 Jahre darunter, in Österreich nur Kinder bis zwölf Jahre.

● *Warnweste:* Außerhalb geschlossener Ortschaften muss auf dem Rad zum Beispiel in Frankreich bei Nacht und schlechter Sicht (z. B. bei Nebel oder Starkregen) eine Warnweste getragen werden. Mit einer reflektierenden Schärpe oder Kragen können sich Modebewusste vielleicht eher anfreunden – empfehlenswert sind Reflektoren auf dem Rad allemal.

● *Medienkonsum während des Fahrens:* Kurz mal ein Foto, eben die Strecke auf der Navigationsapp überprüfen oder in der Pension anrufen? Das Telefon in der Hand während der Fahrt ist im Auto wie auf dem Rad hierzulande verboten und kann mit einem Bußgeld belegt werden. **BESSER:** Das Telefon in einer Halterung am Lenker befestigen, die Freisprechfunktion oder Kopfhörer nutzen und für den Schnappschuss anhalten – und genießen!

RADKLEIDUNG: Ob man Handschuhe, gepolsterte Radhose und -trikot wirklich benötigt, findet man beim vorbereitenden Training heraus. Gut sitzende Sonnenbrille, Kopfbedeckung sowie Regen- und funktionelle Kleidung sind beim Reisen an der frischen Luft immer zu empfehlen. Ethisch produzierte und funktionale Radbekleidung aus umweltfreundlichen Textilien findet man zum Beispiel bei Triple2 (hergestellt in Europa) oder Odlo (Mitglied der Fair Wear Foundation).

ALLES NACHHALTIG VERSTAUT: Bei der Wahl der Radtaschen sollte auf wasserdichte und robuste Materialien geachtet werden. Einfacher Umwelthack: eine Beschichtung mit Polyurethan solchen mit umwelt- und gesundheitsschädliche Fluorkarbonen (PFOA oder PFOS) oder Polyvinylchlorid (PVC) vorziehen! Hersteller von Radtaschen mit Sitz und Produktion in Deutschland und einem ausgeprägten Umweltengagement sind Vaude und Ortlieb. Letzterer bietet auf seiner Webseite ein ausgeklügeltes Ratgebertool an, um den persönlichen Radtaschentyp herauszufinden. Die Fragen des Tests geben ein Gefühl für die Vielfalt an verfügbaren Taschen und Merkmalen und helfen bei der Auswahl.

VERPACKUNGSFREIE SNACKS GEGEN DEN HUNGERAST: Der sogenannte Hungerast tritt ein, wenn es dem Körper an Kohlenhydraten mangelt. Ganz plötzlich bricht die Leistung ein, und es braucht einige Zeit, sich von diesem Schock zu erholen. **BESSER:** regelmäßig für Energiezufuhr sorgen, auch wenn man gerade keinen Hunger verspürt. Die Banane als leckerer und noch dazu müllreduzierter Snack für den Kohlenhydratkick ist daher bei Radfahrenden sehr beliebt. Nüsse und Trockenobst liefern ebenfalls Energie und können unverpackt und in großer Menge vor der Tour auf dem Wochenmarkt oder im Unverpacktladen besorgt werden. Ohne fragwürdige Zutaten und müllarm in der eigenen Küche hergestellt sind Energieriegel in unter einer halben Stunde. Müllvermeidungsexpertin Laura Mitulla empfiehlt dieses Rezept:

- 30 Gramm Flocken (gepuffter Quinoa oder Haferflocken, Dinkelflocken, Buchweizen u. Ä.)

- 160 Gramm gemischte Samen (Sonnenblumen- und Kürbiskerne oder geschrotete Leinsamen, Chia, Sesam usw.)
- 75 Gramm Trockenobst (Cranberries oder Datteln, Aprikosen, Pflaumen)
- 100 Gramm gehackte Nüsse nach Belieben (z. B. Cashewbruch oder Haselnüsse, gehackt u. Ä.)
- 1 Prise Salz

- Alles vermengen. Die Zutaten können ebenso wie die Mengenverhältnisse nach Vorliebe variiert werden.

- 2 Esslöffel geschmolzenes Bio-Kokosöl und 110 Gramm flüssige Süße (Agavendicksaft, Reissirup oder Honig) hinzugeben.

- Die Masse in eine Auflaufform oder auf ein Backblech geben und gründlich andrücken.

- Etwa 15 Minuten goldgelb backen.

- Auskühlen lassen, danach in Riegelform schneiden und die Energielieferanten in Backpapier oder wiederverwendbare Bienenwachstücher einwickeln.

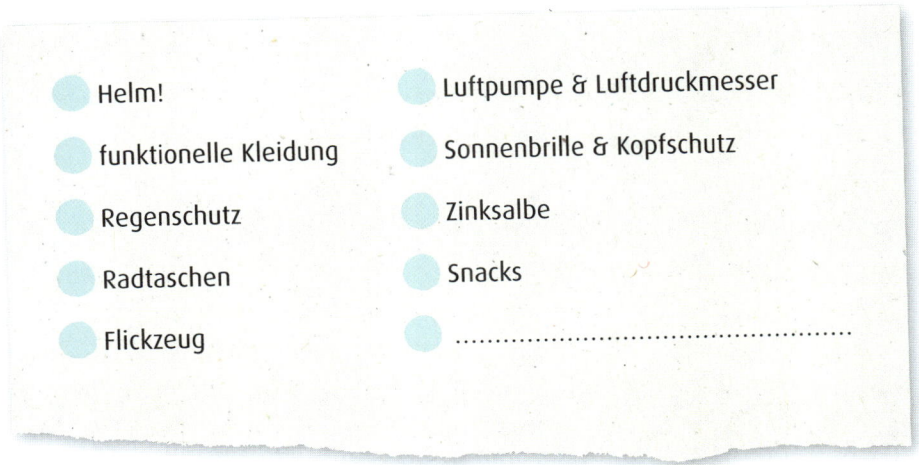

- Helm!
- funktionelle Kleidung
- Regenschutz
- Radtaschen
- Flickzeug

- Luftpumpe & Luftdruckmesser
- Sonnenbrille & Kopfschutz
- Zinksalbe
- Snacks
- ....

Radreisen mit Kindern

MITFAHRGELEGENHEIT: Kinderfahrradanhänger können mit altersgerechter Liege- bzw. Sitzvorrichtung grundsätzlich ab Geburt genutzt werden, um Babys und Kinder sicher zu kutschieren. Auf langen Strecken kann das aber ganz schön langweilig werden für die jungen Mitreisenden. Wer mit Kindern zwischen zwei und sieben Jahren auf Radreise gehen möchte, findet im Anhänger von Weehoo eine Lösung: Bei dem Fahrradanhänger können Kinder mitpedalieren – müssen es aber nicht.

Trailerbikes werden halbe Kinderräder genannt, die anstelle eines Vorderrades eine Kupplung besitzen, mit der sie an ein Zugfahrrad angehängt werden. Eine kostengünstigere Alternative ist eine Tandemstange, mit der sich das herkömmliche Kinderrad an das der Eltern anhängen lässt. Wer beim Kauf auf eine werkzeuglose Montage achtet, hat im Nu eine Abschlepphilfe für müde Kinderbeine.

PAUSCHAL PUNKTEN: Ist die Radreise mit Kind zugleich der erste mehrtägige Urlaub auf zwei Rädern? Für den Start Profis die Planung zu überlassen und auf Pauschalangebote inklusive kinderfreundliche Strecken, Unterkünfte und Mieträder zu setzen ist absolut legitim. Aber auch für Selbstplaner*innen lohnt ein Blick auf die Leistungspakete, um Inspiration für kindererprobte Routen und Regionen ausfindig zu machen.

DIE MISCHUNG MACHT'S: Radeln und baden, das ist eine Kombi, die für viele Kinder motivierend ist und nicht umsonst von erfahrenen Reiseanbietern angepriesen wird!

STERN STATT STRECKE: Für das Radreisen mit Kindern lohnt sich die Überlegung, statt einer Strecke am Stück lieber eine (Rad)Region intensiv zu erkunden. Jeden Abend in einer neuen Umgebung einzuschlafen ist aufregend – bei kleineren Kindern kann dies aber auch Überreizung und Unsicherheit auslösen. Für alle Familienmitglieder kann es dann entspannter sein, sternförmig von einer fixen Unterkunft aus Tagestouren zu bestreiten.

Wer lieber Route statt Region fahren möchte: Die Suchergebnisse des ADFC-Routenfinder lassen sich nach Befahrbarkeit mit Kindern filtern.

WETTERORIENTIERT FAHREN: Entspanntes Radreisen erfordert Spontanität und Offenheit, den Tag kurzfristig anders zu gestalten, wenn Dauerregen oder Gewitter überraschend aufziehen – das gilt für alle Radtourenden und für Familien noch einmal in besonderem Maße. Daher: Beim Routenradeln Puffertage einplanen, um wetter-, verletzungs- oder motivationsbedingt rasten zu können.

In Bus und Bahn

MIT ÖFFIS ZU
FERNEN ZIELEN

Wer meckert, muss auch Lösungen anbieten! Schweden, laut Climate Change Performance Index (CCPI, Stand 2021) das Land mit den weltweit höchsten Leistungen für den Klimaschutz, macht es vor: Zu Flugscham liefern sie mit »Tågskryt« – zu Deutsch »Zugstolz« – sowohl eine weitere Wortneuschöpfung als auch ein angenehmes Gegengefühl. Der CO_2-Fußabdruck einer Bahnfahrt ist gegenüber der Flugreise um mehr als 50 Prozent niedriger (siehe Kapitel »Fußabdruck berechnen«, Seite 18). Zu Recht darf man also ein wenig prahlen, wenn man beispielsweise Mallorca auf dem Landweg erreicht. Das ginge! Und zwar so: Mit dem europäischen Hochgeschwindigkeitszug Thalys fährt man mit nur einem Umstieg von Köln über Paris nach Barcelona. Dort setzt man mit der Fähre zur Lieblingssommersonneninsel der Deutschen über.

Reisereport: Mia von »Hey lila hey«

Die Deutschen haben ein seltsames Verhältnis zum Bahnreisen. Das Schimpfen auf die Bahn ist ebenso ein Small-Talk-Garant wie das Reden übers Wetter. Findet auch Mia Marjanovic und reist trotzdem liebend gerne mit Bus und Bahn auch zu weit entfernt gelegenen Zielen. Etwa in ihre Heimat nach Serbien oder zu ihrem neuen Zuhause in Exeter in Großbritannien.

Mia hat Psychologie studiert, arbeitete als PR-Beraterin und ist heute selbstständige Content Creator. 2020 hat sie zusammen mit ihrem Mann Jesse Abrams das Fair und Slow Fashionlabel Tiija gelauncht. Auf ihrem Blog heylilahey veröffentlicht Mia außerdem seit über zehn Jahren Inhalte zu Lifestylethemen. Zu einem bewussteren Konsum- und Lebensstil fand sie 2013 nach einem halbjährigen Shopping-Ban, also dem Verzicht auf jegliche Käufe von Mode und Kosmetik. Seitdem ist es ihr Ziel, einen umweltfreundlicheren, bewussteren und fairen Lebensstil zu leben, der gleichfalls schick, erschwinglich, einfach zu verwirklichen ist und Spaß macht.

Mia, was wird im Zugfernverkehr in anderen Ländern besser gemacht?
In manch anderen Ländern gehört zu jedem Fernzugticket eine Sitzplatzreservierung. Das entstresst beim Ein- und Aussteigen, weil sich niemand um Sitzplätze streiten muss. In London habe ich erlebt, dass das Gleis, an dem der Zug ausfährt, erst kurz vor der Abfahrt bekannt gegeben wird. Züge müssen nicht darauf warten, dass ihr Gleis frei wird – gefühlt führt das zu weniger Verspätung.

UR- ODER UNPÜNKTLICH?

Eine Erhebung aus dem Jahr 2012 scheint die Unpünktlichkeit des Fernverkehrs der Deutschen Bahn zu bestätigen: Der Statistik nach rangiert Deutschland mit 78,1 Prozent Pünktlichkeit nur auf Platz 20 von 22 erhobenen Ländern.[84] Allerdings wurde für die besser gelisteten Länder eine Verspätung erst ab 15 Minuten gezählt; für Deutschland bereits ab sechs Minuten. Laut Angaben der Deutschen Bahn waren die Züge im Fernverkehr im Januar bis März 2021 im Mittel zu 90,5 Prozent nicht mehr als 15 Minuten verspätet.[85] So schlecht ist es um die Pünktlichkeit des deutschen Fernverkehrs also gar nicht bestellt!

Was war die bisher weiteste Strecke, die du mit dem Zug zurückgelegt hast?
Weite Strecken waren zum Beispiel von Berlin nach Paris oder London. Am längsten unterwegs waren wir auf der Rückreise eines Besuchs bei Verwandten in Belgrad zurück nach Berlin. Inklusive einer Übernachtung und

einem Tagesaufenthalt in Budapest haben wir zwei Tage gebraucht. Sicher hätte man schneller sein können, aber wir wollten entspannt reisen und haben uns Budapest angeschaut. Von dort aus sind wir mit dem Nachtzug nach Deutschland weitergefahren.

Welche Zugfahrt gefiel dir bisher besonders?

Der Trip von Köln nach London gefiel mir, weil er so schnell und komfortabel war. Gerade gegenüber einem Flug. Man startet im Zentrum, und man kommt im Zentrum an. Kein ewiges Warten am Gepäckband, keine lange Busfahrt. Auch wenn es einen Sicherheitscheck gibt, ist auch dieser schnell und gut geregelt.

Eine landschaftlich sehr schöne Strecke liegt zwischen Bremen und Schweinfurt, etwa bei Kassel. Diese bin ich während meiner Studienzeit häufig gefahren.

Wie hast du die Reise mit dem Nachtzug wahrgenommen?

Es ist schon eher, wie im Hostel zu übernachten. Man kann es aber durchaus mal machen. Sicherheit gibt, dass man die Abteile in der Nacht abschließen kann. Außerdem nutzen wir schon seit Jahren auf Reisen einen speziellen Rucksack, der abschließbar und schnittfest ist. Mit einem speziellen Drahtschloss kann man das Gepäckstück zusätzlich an der Heizung oder am Sitz befestigen.

Du ernährst dich vegan. Geht das unterwegs?

Für die Zugfahrt selbst nehme ich mir ausreichend Kleinigkeiten mit, und für den Fall, dass es nicht reichen sollte, recherchiere ich auch immer vor

meinen Reisen, welche Snacks in einem Land »accidently vegan« sind. Also zufällig vegan, wie etwa Cracker oder Kekse von bestimmten Marken. In Serbien zum Beispiel werde ich beim Bäcker immer fündig, wenn ich nach Leckereien Ausschau halte, die als »posno« gekennzeichnet sind. Solche Speisen im Sinne des serbischen Fastenessens sind frei von tierischen Inhaltsstoffen. Mit Ausnahme von Fisch, aber der findet sich selten in Süßem.

Gibt es Herausforderungen beim Reisen auf Schienen?
Umsteigen birgt für mich das größte Stresspotenzial, wenn der Zug Verspätung hat und man um seinen Anschluss bibbert. Hier kann ich nur empfehlen, genügend Zeit bei der Verbindungsbuchung einzuplanen!

Warum empfiehlst du die Reise mit dem Zug?
Zuallererst für einen geringeren CO_2-Fußabdruck! Wenn man auf langen Strecken eine Zugverbindung ohne viele Umstiege findet, kann die Bahnfahrt sogar entspannter sein als die Reise mit dem Flugzeug. Am Flughafen erwarten einen so viele Sicherheitsmaßnahmen und -kontrollen, so viele Menschen drängen sich, und es ist ein einziges Warten und Anstehen – ich empfinde das als sehr stressig. In den Zug setzt man sich meist inmitten der Stadt, und schon ist man auf dem Weg. Und auch die Enge im Flugzeug macht mir zu schaffen. Auf Zugtoiletten wird häufig geschimpft, dabei sind diese doch recht geräumig und für eine so hohe Frequentierung erstaunlich sauber. Man kann sich außerdem die Reise nach den eigenen Wünschen individueller gestalten. Beispielsweise was die Verpflegung angeht oder die Sitzplatzwahl. Flexible Tickets ohne Zugbindung lassen immer eine Hintertür offen, die Reise früher oder später anzutreten oder sich länger an einem Umsteigebahnhof aufzuhalten.

Ich habe mehr gute Erinnerungen an Zugfahrten als an Flüge. Auf Zugfahrten kommt man leicht mit anderen Menschen ins Gespräch. Im Übrigen auch auf Reisen mit dem Bus! Bei einer Fahrt im Nachtbus in Panama habe ich mich die ganze Nacht mit einer Frau unterhalten. Heute sind wir Freundinnen und stehen nach wie vor in Kontakt.

PANORAMAFAHRTEN – TOP-5-ZUGSTRECKEN IN DEUTSCHLAND MIT AUSBLICK

● *Von Koblenz nach Trier:* Wer eine Regionalbahn für die Strecke durchs Moseltal wählt, kann sowohl das Flusspanorama zur einen und die Steillagen zur anderen Seite genießen als auch bequem und sicher von Weindorf zu Weindorf gelangen und dort die leckeren Weißweine der Region verkosten.

● *Von Wernigerode oder Nordhausen bis zum Brocken:* Durch märchenhaft-mystische Wälder dampft die Harzquerbahn – man würde sich nicht wundern, wenn am nächsten Halt Bibi Blocksberg oder Harry Potter den Zug besteigen würden. Von der Station Drei Annen Hohne aus überwindet die urige Brockenbahn 440 Höhenmeter bis zum Gipfel. Alternativ erkraxelt man die Distanz über den Harzer Hexenstieg (siehe Seite 57).

● *Von Hamburg nach Husum:* Wer nicht durch den Nationalpark Wattenmeer zu Fuß waten oder die Fähre nehmen mag, kann über den Hindenburgdamm auf Schienen die Nordseeinsel Sylt erreichen.

● *Von Radolfzell bis Lindau:* Während man zu Straße entlang des Nordufers des Bodensees in der Ferienzeit nicht selten im Stau steht, bringt die Bodenseegürtelbahn Fahrgäste entspannt von Ferienort zu Ferienort. Die aufreibende Parkplatzsuche entfällt außerdem! Die Strecke beeindruckt mit Ausblicken auf das größte Binnengewässer Deutschlands, Weinberge, Wiesen und Felder, pittoreske Ortschaften und bei klarer Sicht auf die schneebedeckten Alpengipfel.

● *Von Bad Schandau in die Böhmische Schweiz:* Die Täler, Felsen und Wälder des Elbsandsteingebirges lassen sich auch vom Zug aus bewundern. Die Nationalparkbahn (U28) verbindet die Sächsische mit der Böhmischen Schweiz in Tschechien. Der Tourismusverband Sächsische Schweiz schlägt auf Outdoor Active viele Wandertouren vor, die direkt an einer der Haltestellen enden oder beginnen.[86]

VERBINDUNG FINDEN MIT SEAT61: Mark Smith alias »the man in seat61« ist zugreisebegeistert und -erfahren und teilt auf seiner Webseite Informationen zu Reiseverbindungen innerhalb Europas und darüber hinaus. Auch interkontinentale Zug-Schiff-Verbindungen, wie zwischen London und Australien, werden beschrieben. Der Look und die Usability der Webseite mag für junge Ästhetiker*innen erst einmal nicht ansprechend sein. Darüber hinwegzusehen lohnt sich aber! Die Seite listet detailliert zu erwartende Preise, Verkaufsstellen – die manchmal auch ganz klassisch am Schalter im jeweils zu durchfahrenden Land zu finden sind – sowie Besonderheiten, die es bei der Reiseplanung zu beachten gilt.

NACH ASIEN MIT TRAIVELLING: Hannoi, Tokio oder Bangkok per Zug? Das geht! Etwa zwei Wochen empfiehlt Traivelling für diese Strecken einzuplanen, um den Weg als Ziel auszukosten und ohne Hast zu reisen. Die Agentur übernimmt die Recherche und Buchung für viele Zielländer in Asien und Europa, bei denen man sich auf eigene Faust die Reiseplanung auf Schienen vielleicht nicht zutrauen würde.

ÜBER-NACHT-FAHRT: Ende 2016 verabschiedete sich die Deutsche Bahn aus dem traditionsreichen Angebot von Schlaf- und Liegewagen. Ab Dezember 2021 soll der Personenfernverkehr während der Schlummerstunden wieder aufgenommen werden.[87] Dennoch können auch deutsche Reisende die Nacht zur Reisezeit machen: Zwischen Juni und September fährt man bereits jetzt mit dem Berlin-Night-Express von der Hauptstadt über Hamburg bis nach Stockholm. Der Alpen-Sylt-Nachtexpress fährt zweimal wöchentlich in den Sommermonaten mit Halt in deutschen Großstädten. Und auch vom gut verwobenen Nachtnetz der Österreichischen Bundesbahnen (ÖBB) profitieren wir hierzulande: Der Nightjet bringt Berliner nach Wien, Hamburger nach Zürich und Münchner nach Rom. Nach eindrucksvollen Strecken klingen außerdem der finnische Santa-Claus-Express von Helsinki bis ins lappländische Rovaniemi und der Sofia-Istanbul-Express.

GÜNSTIG(ER) UNTERWEGS: Wer im Buchungsportal der Deutschen Bahn nach einer (Fern-)Zugverbindung von A nach B sucht, schnappt bei den angezeigten Preisen bisweilen kurz nach Luft. Bei Reisen in andere Länder lohnt sich ein Vergleich mit den Buchungsportalen der Zugunternehmen im Zielland. Auch frühzeitig zu buchen spart Geld: Wer mit einem Vorlauf von etwa einem Monat Tickets kauft, kann bis zu 55 Prozent sparen. Laut Bahntest 2019/20 des Verkehrsclubs Deutschland (VCD) sind bei der Deutschen Bahn selbst 24 Stunden vor Fahrtantritt für vier von fünf Fahrten Sparpreise und eine durchschnittliche Ersparnis von 33 Prozent verfügbar.[88] Eine Bahncard kann sich ebenfalls schneller rechnen als vielleicht angenommen. Der VCD hilft mit einem speziellen Rechner bei der Entscheidung für einen Tarif.

Mit Interrailpässen reisen nicht (mehr) nur Jugendliche und junge Erwachsene (bis 28 Jahre) kostengünstig und flexibel innerhalb Europas. Das Passportfolio ist riesig! So können auch Familien sparen, weil Kinder bis zwölf Jahre kostenfrei mitfahren. Auch für Senioren ab 60 Jahren gibt es Sonderkonditionen. Mit dem Global Pass kann man 33 Länder bereisen. Bei der Buchung wählt man

den Reisezeitraum und gegebenenfalls die Zahl der Tage, an denen man vorhat, einen Zug zu besteigen. Je mehr und weiter die Zugfahrten, desto günstiger ist die Einzelfahrt im Verhältnis. Neben den länderübergreifenden Pässen gibt es auch den Ein-Land-Pass, mit dem man sich auf ein Reiseland festlegt und dadurch weiter spart.

Swiss Travel Pass, Renfe Spain Pass, Balkan Flexi Pass oder der European East Pass sind weitere länderspezifische oder länderübergreifende Zugpässe, die zeitlich und streckenflexibel genutzt werden können.

Innerhalb Deutschlands sparen Gruppenreisende im Nahverkehr mit den Ländertickets. Slow Travel – das Reisen ohne Hast und Eile – zahlt sich aus: Das Quer-durchs-Land-Ticket der Deutschen Bahn ist einen Tag lang in allen Bundesländern in den Regionalbahnen und bei weiteren teilnehmenden Bahngesellschaften gültig. Eine vierköpfige Familie aus München könnte mit einem Kind unter und einem Kind über 15 Jahren beispielsweise innerhalb von zwölf Stunden und mit vier Umstiegen in Rostock im Ostseeurlaub ankommen. Mit dem Gruppenticket würden sie 57 Euro für alle Reisenden bezahlen.

SITZPLATZWAHL: Bei der Buchung von Fernzügen über die Deutsche Bahn kann man seinen Sitzplatz während der Reservierung frei wählen. Fenster, Gang, mit oder ohne Tisch, im Ruhebereich oder Familienabteil. So hat jede*r Zugreisende die Möglichkeit, nach den eigenen Bedürfnissen zu reisen – auch ohne Erste-Klasse-Aufschlag. Nach der Auswahl der Präferenz in der Suchmaske werden einem zunächst Plätze vorgeschlagen. Je nach Verfügbarkeit lassen sich die Sitzplätze aber auch individuell abändern. Nachschauen lohnt sich, um zum Beispiel näher am Speisewagen oder am oft leereren Zugende platziert zu werden.

ALTERNATIVE FERNBUS: Ökologisch etwa gleichauf mit dem Schienenverkehr ist die Reise mit dem Fernbus. Laut neuesten Berechnungen des

Umweltbundesamts emittieren Letztere gleich viele Treibhausgase pro zurück-gelegtem Personenkilometer wie Züge im Fernverkehr.[89] Sicherheitstechnisch muss man ebenfalls keine Bedenken haben: Bus wie Bahn gehören zu den sichersten Fortbewegungsmitteln – weit vor dem Auto.[90]

VORTEILE DER FERNBUSREISE GEGENÜBER DER BAHNFAHRT:

1. *Ungewöhnliche Haltestellen:* Mit dem Fernbus spart man sich gegenüber der Bahn gegebenenfalls die Anreise mit weiteren öffentlichen Verkehrsmit-teln zum finalen Ziel. Am Königssee etwa findet sich gleich an der Anlegestelle eine Fernbushaltestelle. Flixbus, der eindeutige Marktführer in Deutschland, fährt auch viele Freizeitparks direkt an. Mit dem Bus kann man an beliebi-ge Orte kommen, auch solche, die auf dem Land liegen. Wer von Großstadt zu Großstadt reist, findet häufig auch Verbindungen ohne Umstieg und über Nacht.

2. *Gut vernetzt:* Mindestens so passioniert wie über (vermeintliche) Verspä-tungen lässt es sich über die noch immer unzuverlässige Internetverbindung auf innerdeutschen Zugverbindungen lästern. Für Fernbusanbieter gehören WLAN und Steckdosen hingegen zum Standardrepertoire.

3. *Preisgünstig:* Für eine Fahrt im Fernverkehr der Deutschen Bahn bezah-len Fahrgäste im Durchschnitt 12,50 Euro pro 100 Kilometer Reisestrecke,[91] im Fernbus liegt der mittlere Preis bei gerade einmal vier Euro.[92] Wer mit knappem Budget reist und dennoch umweltfreundlich unterwegs sein möchte, sollte Busverbindungen eine Chance geben!

Ausrüstung und Packliste

Für die Bahn- oder Busreise bedarf es kein spezielles Equipment. Diese fünf Mitnehmsel können aber dennoch hilfreich sein:

1. ABFÜLLHILFE: Welche sogenannten Reusables oder Mehrwegbehältnisse für Essen und Getränke im Gepäck von umweltbewusst Reisenden nicht fehlen dürfen, finden sich im Kapitel »Verpflegung: Müll reduziert, lokal, saisonal, bio« ab Seite 77. In deutschen Städten bereits recht verbreitet ist die Möglichkeit, in Restaurants, Cafés, Geschäften und an Trinkwasserbrunnen die eigene Wasserflasche kostenfrei auffüllen zu lassen. Die gemeinnützige Organisation Refill Deutschland führt auf seiner online abrufbaren Karte und App 5.585 solche Refillstationen und Trinkbrunnen deutschlandweit auf (Stand März 2021). Bei wem man abfüllen darf, kann man an einem großen, blauen Sticker an Schaufenster oder Tür erkennen. Bisweilen stößt man mit der Bitte, eigene Behältnisse statt Einwegverpackungen zu befüllen, auf Ablehnung. Das gehe nicht wegen der Hygienevorschriften, bekommt man dann etwa zu hören. An dieser Stelle darf man das

Personal durchaus freundlich darauf hinweisen, dass die relevanten Verordnungen zur Lebensmittelhygiene keine spezifischen Regeln für die Befüllung privat mitgebrachter Behältnisse, etwa Mehrwegbecher, enthalten.[93] Es gibt also kein rechtliches Verbot. Dennoch darf natürlich jede Lokalität selbst entscheiden, ob sie ausschließlich Einwegverpackungen anbietet oder sich auf Nachhaltigkeitskurs begibt.

2. TRESORTORNISTER: Spezielle Reiserucksäcke, zum Beispiel vom Hersteller Pacsafe, sind aus schnittfestem Polyesterstoff gefertigt. Weitere Features wie abschließbare Reißverschlüsse und ein Fach mit Scanschutz für Chipkarten bieten zusätzlich Sicherheit vor Dieben und Datenklau.

3. OHRSTÖPSEL & SCHLAFMASKE: Lautstark geführte Telefonate, angeregte Gespräche, Tütenrascheln, Musik aus den Kopfhörern der Mitreisenden oder einfach die ungewohnte Geräuschkulisse können die Erholung während der Zugfahrt stören. Gehörschutz, den man nach der Reinigung wiederverwenden kann, sowie eine Schlafmaske (oder Mütze, die über die Augen gezogen werden kann) lassen zur Ruhe kommen. Auch allzu plauderfreudigen Sitznachbar*innen kann man mit diesen Hilfsmitteln signalisieren: Ich möchte für mich sein.

4. SCHLAFSACK AUS LEINEN ODER SEIDE: Unter den Schlagworten »Reise- oder Hüttenschlafsack« findet man ungefütterte, ultraleichte und kompakt verpackte Schlafsäcke aus Leinen, Seide, Baum- oder Merinowolle. Diese dienen weniger der Wärme, sondern der Hygiene. In den Pilgerherbergen entlang des

Camino Francés beispielsweise tut kaum jemand ohne einen solchen Schutz vor Bettwanzen die Augen zu. Die beißenden Parasiten sind heute durch Globalisierung und Resistenzen gegen Insektizide wieder in vielen hochfrequentierten Schlafstätten wie Hostels, Ferienwohnungen und Hotels, aber auch in Zügen, Bussen und Flugzeugen anzutreffen.[94] Durch Körperwärme und -ausdünstungen eines potenziellen Wirtes angelockt, kriechen Bettwanzen für eine Blutmahlzeit des Nachts aus Ritzen und hinterlassen meist mehrere stark juckende Bisse. Unangenehm!

Schlafsäcke aus Baumwolle und Leinen sind unkompliziert in der Reinigung und können nach der Nutzung in der Waschmaschine gereinigt werden. Seide und Wolltextilien stattdessen für zwei oder drei Tage ins Gefrierfach legen, um Bakterien und Krabbeltieren den Garaus zu machen.

5. SCHAL ODER TUCH: Man weiß nie, wie frostig die Klimaanlage im Reisebus oder Zugabteil eingestellt ist! Wer insbesondere bei hitzigen Außentemperaturen nicht Gefahr laufen möchte, mit einem Schnupfen am Reiseziel anzukommen, hat ein leichtes Tuch für Hals und Schultern griffbereit.

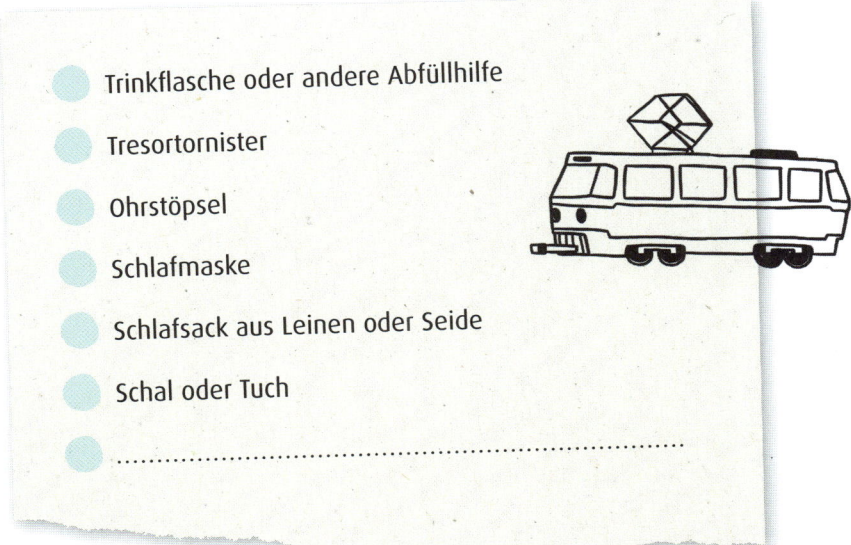

- Trinkflasche oder andere Abfüllhilfe
- Tresortornister
- Ohrstöpsel
- Schlafmaske
- Schlafsack aus Leinen oder Seide
- Schal oder Tuch
- ....

Bus- und Bahnreisen mit Kindern

FAMILIENRESERVIERUNG: Familien – im Übrigen auch Großeltern, die mit ihren Enkeln bis maximal 14 Jahren reisen – können in der zweiten Klasse für acht Euro bis zu fünf Sitzplätze reservieren. Gierig sollte man nicht sein, aber ein überzähliger Sitzplatz verschafft Tobe- und Bewegungsfreiheit und Platz für Gepäck.

In den Hauptbahnhöfen großer Städte und von Knotenpunkten, wie Düsseldorf, Nürnberg, Köln, Essen und Frankfurt am Main hat die Deutsche Bahn zudem gemeinsam mit den Bahnhofsmissionen Warteräume geschaffen, die auf die Bedürfnisse von Kindern ausgerichtet sind.

Auf langen Fahrten in Schnellzügen mit Baby und später kleinem Kind habe ich am liebsten im Kleinkind- oder Familienabteil Platz genommen. Hier kann man sich einfach darauf verlassen, dass zusätzlich zum Koffer auch für Kinderwagen, Wickeltasche, Snackbeutel und das viele andere Geraffel, das man mit Kind(ern) mit sich herumträgt, in Griffnähe Platz ist. Oft finden die Kleinsten sogar Spielkamerad*innen für die Zugfahrt und Eltern einen netten Austausch. Für das Toben, Spielen und Quatschmachen in normaler Kinderlautstärke erntet man keine genervten Blicke von verständnislosen Mitreisenden. Das ist für alle entspannter! Waren die Plätze in diesen Bereichen ausgebucht, war die Familienreservierung eine super Option. Ohne Aufpreis haben wir einen oder zwei Plätze zusätzlich gebucht. So hatten wir im Großraumabteil eine Vierersitzgruppe oder eine Reihe für uns. Eine Dreijährige malt nicht vier Stunden still und leise auf ihrem Sitz. Tablet und selbst ein toll vorbereitetes Entertainmentprogramm sind irgendwann erschöpft, und der Bewegungsdrang lässt Kinderkörper zappeln. Die freien Plätze

boten dann einen willkommenen Abstand zu den anderen Fahrgäs-
ten. War der Zug picke-packe-voll, haben wir die unbesetzten Plätze
Mitreisenden angeboten. Allermeistens haben wir so das Herz und
die Nachsicht von unseren Nebensitzenden gewonnen, statt Genör-
gel zu ernten, wenn das Kind sich mal eine Weile wie ein Kind und
nicht wie eine stille Passagierin verhielt!

OHNE ZEITDRUCK: In der erweiterten Verbindungssuche bei der Deutschen
Bahn hat man die Möglichkeit, zwischen Direktanschluss und einer Umsteige-
zeit zwischen zehn und mindestens 45 Minuten zu wählen. Kombiniert mit
einem kurzen Check der Größe (Zahl der Gleise) und Architektur (ebenerdig
oder mehrere Stockwerke) des Umsteigebahnhofs, kann man die Zeit zwischen
Ankunft und Abfahrt großzügiger wählen und das Risiko, den Anschlusszug zu
verpassen, minimieren. Spart keine Zeit, aber Nerven!

HALB-HALB: Hin im Flugzeug, zurück im Zug – dieser Kompromiss bietet Kindern auf der Reise Abwechslung, und man kann feststellen, ob das Langstre-
ckenbahnreisen für die eigene Familie grundsätzlich passt.

Auf vier Rädern

FLEXIBEL MIT VANLIFE UND AUTOCAMPING

Beobachtet man aufmerksam die Beschilderung entlang Deutschlands Land-straßen, weiß man: Wer über deutsche Tourismuswirtschaft spricht, kommt nicht umhin, »Campingurlaub« zu sagen. Über 3.000 geöffnete Campingplätze finden sich in der Republik – die meisten in Bayern, Niedersachsen und Baden-Württemberg.[95]

Camping im Trend

Wer Camping mit Spießigkeit verbindet, hat einen Trend verschlafen: Inner-halb von zehn Jahren seit 2009 stieg die Zahl der jährlichen Übernachtun-gen auf Campingplätzen um 42 Prozent. 35,8 Millionen Mal wurde 2019 in Zelt, Bus, Wohnwagen oder -mobil genächtigt.[96] Unter den Schlagworten #vanlife und #homeiswhereyouparkit werden in sozialen Medien Millio-nen Schnappschüsse vom Campingurlaub geteilt. Manche tauschen gleich ganz den festen Wohnsitz gegen ein modernes Nomad*innenleben auf vier Rädern.

Entscheidet man sich aus Gründen der Nachhaltigkeit für das mobile und motorisierte Feriendomizil, mag überraschen, dass der CO_2-Fußabdruck der An- und Abreise im Vergleich zum Flugzeug nicht weniger, sondern je nach Berechnung sogar mehr wiegt (vergleiche »Fußabdruck berechnen«, Seite 18). Betrachtet man jedoch den gesamten ökologischen Reisefußabdruck, hat der Campingurlaub ein großes Nachhaltigkeitspotenzial. Fünf Tipps, wie der Urlaub auf vier Rädern besonders nachhaltig werden kann:

1. VOLLE AUSLASTUNG DES FAHRZEUGS: Allein reisend im 3,5-Tonner ist ge-wiss nicht sonderlich nachhaltig. Mit zunehmender Auslastung des Fahr-zeugs fällt hingegen der Pro-Kopf-Verbrauch an CO_2. Ab einer Besetzung mit drei Personen sinkt der ökologische Fußabdruck einer Campingbus-

unter den der Flugzeug- und Schiffsreise. Tipp: Bei freien Sitzplätzen auf Teilstrecken Mitfahrgelegenheiten anbieten.

2. NAH REISEN: Das Grundprinzip des nachhaltigeren Urlaubens leben viele deutsche Camper*innen bereits – und das nicht erst seit der Coronapandemie! Laut einer Umfrage unter campierenden ADAC-Mitgliedern planten 37 Prozent, ihre Haupturlaubsreise im Jahr 2019 in Deutschland zu verbringen.[97]

3. KILOMETER KOMPENSIEREN: Der Verein WOHNmobil für Klimaschutz ist ein Zusammenschluss von Campingfans, die mithilfe von Spenden in einer ersten Aktion im März 2020 220 Bäume im Wetzlarer Forst gepflanzt haben. Auf dem Gebiet eines abgestorbenen Fichtenbestandes soll so ein klimarobuster Mischwald aus Rotbuche, Esskastanie, Lärche und Douglasie entstehen. Als Spendenbetrag wird Wohnmobilist*innen und Camper*innen ein Cent pro gefahrenem Kilometer empfohlen. In der öffentlich einsehbaren Facebookgruppe tauschen sich die Vereinsmitglieder außerdem über klimabewusstes Camping aus und geben einander Tipps.

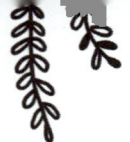

4. **SPRITSPAREND FAHREN:** Start-Stopp-Automatik und Tempomat sind Funktionen für einen geringen Kraftstoffverbrauch. Auch ohne diese elektronischen Hilfsmittel kann man darauf achten, bei längeren Haltphasen ab zehn Sekunden den Motor abzuschalten und möglichst mit konstantem, moderatem Tempo zu fahren.

5. **STROM- UND WASSERSPAR-CHALLENGE:** Wenn man abseits von Wasser- und Stromanschluss campiert, wird einem bewusst, welche Menge dieser Ressourcen man bei fließendem Zugang verbraucht. Bei fünf Minuten unter der heimischen Dusche fließen beispielsweise etwa 60 Liter Wasser den Abfluss hinab.[98] Wer autark stehen möchte, muss also selbst mit einem großzügigen 100-Liter-Frischwassertank und einer leistungsstarken Batterie Gewohnheiten überdenken. Etwa: Licht aus, wenn nicht benötigt, Geschirr mehrfach benutzen, das vorsichtig dosierte Abwaschwasser auffangen und für die Toilettenspülung verwenden, beim Einseifen das Wasser abstellen. Und so weiter! Möglichst viele Tage mit den verfügbaren Ressourcen auszukommen – so könnte ein Wettbewerb lauten, mit dem man sich selbst und Mitreisende herausfordert. Und wer weiß, vielleicht bleiben die umweltschonenden Verhaltensweisen auch zu Hause haften?!

Reisereport: Lisa und Max von »zweidiereisen«

Lisa und Maximilian, beide um die dreißig Jahre alt, stammen aus dem bayerischen Deggendorf. Seit zwölf Jahren gehen und reisen sie gemeinsam durchs Leben und durch die Welt. Ihre Leidenschaft, das Filmen und Fotografieren, haben sie zu ihrem Beruf gemacht: Jeden Tag geben sie als »Zwei, die reisen« auf ihren Social-Media-Kanälen und auf ihrem gleichnamigen Blog Anregungen zu den Themen Reisen, Nachhaltigkeit, Veganismus und Slow Living. Auch wenn es sie als hauptberufliche Reisebloggende des Öfteren in die Ferne zieht, reisen sie bewusst. Ihre Erfahrungen haben sie in dem Buch »Mit Fairgnügen reisen: Nachhaltig um die Welt mit zweidiereisen« gesammelt, das 2020 veröffentlicht wurde. Im Coronajahr 2020 hat das Duo sowohl die Reise mit einem geliehenen Bulli mit Aufstelldach ausprobiert als auch den Urlaub im Kleinwagen mit Dachzelt.

Lisa und Max, was hat euch besser gefallen?

LISA: Auf langen Reisen sammelt der Campingbus viele Pluspunkte. Auch wenn man nur zu zweit reist, ist Platz ein Vorteil. Nicht nur wegen des Gepäcks, das man zusätzlich mitnehmen kann. Mit Sitzen und Klapptisch und je nach Ausbau sogar Koch- und Wasserstation kann man sich selbst bei Schlechtwetter im Bus auch mal einen Tag lang aufhalten.

MAX: Wir haben uns im letzten Sommer dennoch erst einmal für die Investition in ein Dachzelt für unseren Kleinwagen entschieden. Da ist man, wenn man gerne in Städte reist wie wir, sehr flexibel und kommt auch durch kleinste Gassen. Mit 2.000 bis 3.000 Euro Anschaffungskosten rechnet sich so ein Dachzelt schneller als der Besitz oder die wiederholte Miete eines Campingbusses. Und wenn nicht in Benutzung, kann man es in der Garage oder im Keller aufbewahren ohne aufwendige Wartung. Auch aus ökologischer Perspektive ist das Autocamping mit Dachzelt die bessere Wahl: weniger Gewicht, weniger CO_2-Emissionen. Beim Reisen mit Dachzelt kann man zudem auf Elektromobilität setzen. Die sucht man bei Campingbusanbietern bisher vergeblich.

Und wie ist es im Vergleich zum klassischen Zelten?

MAX: Hier bietet das Dachzelt schon eindeutig mehr Komfort. Ameisen und Krabbeltiere haben keine Chance. Regen fließt ab, und mit der Isolation ist man gut vor Kälte und Wind geschützt. Es bedarf auch nur zweier Handgriffe, das Zelt aufzurichten und einzuklappen. Und es ist einfach ein besonderes Feeling, erhöht zu schlafen.

LISA: Wir haben uns bisher mit dem Dachzelt nicht getraut, abseits eines Campingplatzes zu übernachten. Da ist das Sicherheitsgefühl im Bus, auch wenn man dort auch auf dem Dach in einer Art Zelt schläft, doch ein anderes.

UPDATE: Im Frühling 2021 entschieden sich Lisa und Max doch für den Kauf eines alten VW-Busses und die Rundumerneuerung des Inneren nach ihren Vorstellungen. Grund ist Familienzuwachs Paul, ein Hundewelpe, der auch auf Reisen mit von der Partie sein soll: »Das Dachzelt wäre für uns drei dann auf Dauer wohl etwas zu eng gewesen«, sagen die beiden Hundeeltern und freuen sich auf Abenteuer zu dritt in ihrem neuen alten Gefährt.

Beste Investition(en) für das Reisen auf vier Rädern? Was darf beim Campingurlaub nicht fehlen?

MAX: Wir haben uns hochwertige Stühle und einen höhenverstellbaren Tisch geleistet. Kochen, Essen, Entspannen und in unserem Fall außerdem Arbeiten – man verbringt beim Camping viel Zeit im Sitzen. Da war uns Bequemlichkeit wichtig! Beim Tisch haben wir neben Funktionalität auch Wert auf eine schöne Optik gelegt. Die haben wir dann in einem Modell aus Holz gefunden, das aus nachhaltiger Forstwirtschaft stammt.

Was bedeutet für euch nachhaltig(er) reisen?

LISA: Sich vor der Reise Gedanken zu machen, was ich sehen möchte, was ich erleben möchte. Wenn ich merke, ich möchte Sommer, Sonne, Strand und Meer, dann stelle ich mir die Frage, ob es wirklich der Sandstrand in Südostasien sein muss. Vielleicht finde ich auch an deutschen oder europäischen Küsten mein Reiseglück. Oder möchte ich eben doch eine ganz andere Kultur kennenlernen? Dann ist der Flug möglicherweise unverzichtbar, aber man kann ihn kompensieren. Bewusster reisen ist auch ein Abwägen von Distanz und Aufenthaltsdauer. Wir machen keine Fernreise unter zehn Tagen.

MAX: Wenn man dann unterwegs ist, ist es wichtig, lokale Anbieter zu unterstützen und den internationalen Konzern auszulassen, beim Essen, aber auch bei der Wahl der Unterkunft und bei Ausflügen und geführten Erlebnissen vor Ort. Ein guter Anlaufpunkt ist das lokale Tourismusbüro – die haben dann auch Anbieter im Portfolio, die man nicht vorab online finden konnte.

Das erfordert manchmal auch etwas Spontanität und in Kauf zu nehmen, nicht das vollständige Programm noch vor der Abreise festgezurrt zu haben. Aber genau das bietet ja die Chance, echtes Abenteuer zu erleben!

Wo gingen eure Reisen auf vier Rädern hin?

MAX: Mit dem Campingbus sind wir in Österreich unterhalb der Zugspitze gestartet. Von dort zum Gardasee, anschließend in die Toskana nach Florenz und bis Lucca und dann zurück Richtung Tiroler Alpen nach Kastelruth. Auch unsere erste Tour mit dem Dachzelt ging zum Gardasee, denn dort wurde es produziert, und wir haben es abgeholt. Anschließend sind wir nach Österreich zum Ahornsee gefahren.

Habt ihr einen Campingplatztipp?

LISA: Uns hat ein kleiner privater Stellplatz in der Toskana genauso gefallen wie der Campingplatz vom Zugspitz-Resort. Letzterer war wirklich Camping-glamour und hat neben einer grandiosen Aussicht auch viele Annehmlich-keiten, etwa die Mitnutzung des Spa-Bereichs, geboten.

Was war die für euch größte Herausforderung, und wie habt ihr sie gelöst?

MAX: Kennt jede*r Camper*in: Schlechtwetter. Im Campingbus wird es schnell klamm und matschig. Mit Dachzelt ist's noch mal nerviger, weil man zwischen Schlafstätte und Gepäck pendelt. Da hilft nur: aaussitzen oder ein-packen und dem Schönwetter entgegenfahren.

Eure Gedanken zu Müllvermeidung beim Reisen mit dem Auto bzw. Van?

MAX: Wichtig ist, dass man's auf der Reise wie zu Hause macht. Wenn ich zu Hause bio, lokal und verpackungsreduziert kaufe, warum dann nicht unter-wegs auch? Und wenn dann Müll anfällt, dann trennen wir ihn natürlich. Warum sollte ich in anderen Ländern plötzlich alles zusammenschmeißen und mich nicht mehr bemühen?

LISA: Genau genommen sollte man sich auf Reisen doch noch viel besser verhalten. Man ist immerhin Gast! Unser Credo ist auch, dass wir Orte sauberer verlassen, als wir sie vorgefunden haben. An Stränden nehmen wir immer eine Hand voll Müll mit, der nicht von uns stammt.

Tipps für Planung und Reise

GEFÄHRT(IN) GESUCHT: Um die Suche nach einem (Leih-)Fahrzeug einzugrenzen, kann die Beantwortung dieser Fragen helfen: Komfortabel oder abenteuerlich – welche Art von Camper*in bin ich? Welche Fahrzeuggröße traue ich mir zu zu fahren und zu parken? Stellt meine geplante Strecke Anforderungen an die Beschaffenheit des Mobils? Wie viele Personen reisen mit? Möchte ich unabhängig von Strom- und Wasserversorgung stehen? Welche Ausstattung ist mir wichtig, und worauf kann oder möchte ich sogar verzichten?

● *PKW mit Dachzelt:* Perfekt für zu zweit Reisende und kürzere Urlaube. Nomad*innen, die nicht mehr als einen mobilen Schlafplatz benötigen und Aufenthalte in Städten planen, fahren mit dieser Variante gut.

● *Campingbus:* Fein für bis zu drei Reisende und bei vornehmlich gutem Wetter, wenn das »Wohnen« und Kochen draußen stattfinden kann. Mit dem Fahrgefühl eines PKW besonders für unsichere Fahrer*innen geeignet sowie auf engen, kurvigen Strecken schön wendig. Klassiker, jedoch längst nicht mehr die einzigen Vertreter sind die T-Bullis von VW mit ausklappbarem Dachzelt.

● *Kastenwagen:* Die Transportergröße bietet mehr Raum für Bewegung und Komfort. Im Prinzip findet hier alles Platz, was auch zur Ausstattung eines Wohnwagens oder -mobils gehört. Eine Familie mit zwei Kindern ohne allzu große Ansprüche an Privatsphäre

kann in einem ausgebauten Kastenwagen einen entspannten Urlaub verbringen. Durch die großzügige Deckenhöhe lässt sich die Kochzeile bequem stehend nutzen. Ein Bad an Bord und genügend Stauraum für großzügige Frisch- und Grauwassertanks ermöglichen, auch über mehrere Tage hinweg autark zu stehen.

Unsere ersten beiden Campingsommerurlaube verbrachten wir in VW-California-Bussen mit ausklappbarem Dachzelt. Das war herrlich abenteuerlich! Im dritten Sommer mieteten wir einen Bulli mit festem Hochdach, in den eine Liegefläche montiert war. Das war schon deutlich weniger Gehetze, Geräume und Gedrängel, denn am Abend musste nur ein Bett durch das Umklappen der Sitze bereitet werden. In unseren letzten Sommerferien trauten wir uns dann an einen Wohnvan des deutsch-französischen Herstellers Bürstner. Mit knapp sieben Metern Länge hatte ich vor dem Besteigen des Fahrersitzes des Fiat Ducato Chassis etwas Furcht. Unbegründet, wie sich herausstellte: Der Van in Transportergröße hat sich auf Bergpässen ebenso bewährt wie in der Großstadt und auf der Autobahn. Überrascht hat mich auch, wie angenehm ich ein vollwertiges Bad mit Waschbecken, Dusche und Toilette fand. Meine Ablehnung dieses typischen Wohnmobil-Gimmicks war in den Jahren zuvor groß. Tatsächlich ist der Komfort, nachts und frühmorgens nicht hinter dem nächsten Busch verschwinden oder quer über den Campingplatz zu den Toiletten schlurfen zu müssen, ein echter Zugewinn. Und die Toilettenkassette zu leeren ging einfacher und sauberer als gedacht. Durch ein zusätzlich ausklappbares Dachzelt haben wir Eltern sowie unsere Tochter sehr bequem und in separaten Bereichen nächtigen können.

● *Wohnwagen:* Der Anhänger kommt in ganz unterschiedlicher Größe und Ausstattung daher und wird vom normalen PKW gezogen. Das Gespann ist für diejenigen etwas, die gerne ein Weilchen (oder auch dauerhaft) am selben Ort bleiben, aber auch zu Tagesausflügen mobil und motorisiert aufbrechen möchten.

● *Wohnmobil:* Mit dem Wohnmobil ist man ganz offensichtlich erkennbar als Camper*in und genießt das Plus an Komfort, den zusätzlicher Raum ermöglicht. Im Wohnmobil gibt es zumeist einen separierten Schlafbereich, sodass man auch mal zwei gemeinsam reisende Paare antrifft. Teil- oder vollintegrierte Alkoven (Bettnischen) sind Unterscheidungen, die man sich genauer anschauen kann. Im rollenden Haus hat man alles dabei – das geht aber auch zulasten von Wendigkeit und Abenteuerfeeling.

Sofern das zulässige Gesamtgewicht von 3,5 Tonnen des Mobils oder Gespanns (PKW plus Wohnanhänger) nicht überschritten wird, muss man sich über zusätzliche Fahrerlaubnisse keine Gedanken machen.

Hat man sich für ein Fahrzeugkonzept entschieden, kann die Suche nach einem Anbieter zum Kauf oder zur Miete losgehen. **MEIN TIPP:** Über Paulcamper findet man tolle Campingmobile ganz in der Nähe zum eigenen Wohnort. Es empfiehlt sich, frühzeitig – gut und gerne ein halbes bis Dreivierteljahr vor dem Urlaub – zu buchen. Über die Plattform kann man von Privatpersonen Campingbusse, Wohnwagen und -mobile wesentlich günstiger als über gewerbliche Fahrzeugvermietungen ausleihen. Mit der Buchung sind Versicherungsfragen dennoch offiziell geregelt.

ABGUCKEN: Vor allem auf Instagram finden sich ganz viel Inspiration und Erfahrung zum Camping und Leben auf vier Rädern. @zweidiereisen und @lassunsfahren legen selbst Hand an und lassen ihre Community am Aus- und Umbau ihrer Campingbusse teilnehmen. Die deutschsprachigen Vanlife-er*innen hinter den Profilen @jessiandmarkusdiaries und @aniahimsa haben sogar ihre Wohnungen aufgegeben, um im Van zu leben und zu reisen.

PACKLOGISTIK: Sich vorab Gedanken darüber zu machen, wo man was und wie verstaut, kostet während des Urlaubs weniger Nerven. Bei einer guten Packlogistik helfen Packwürfel in unterschiedlichen Größen. Von außen beschriftet und gestapelt, sorgen diese für Ordnung und bestmögliche Nutzung des vorhandenen Platzes. Organizer, die am Autositz befestigt werden, schaffen zusätzliche Aufbewahrungsmöglichkeiten für viel genutzte Kleinigkeiten wie Kartenmaterial, Sonnenbrille, Elektronik usw.

PREISGÜNSTIG EQUIPMENT KAUFEN: Hochwertiges, funktionales Campingequipment ist teuer. Wer mit Vorlauf und antizyklisch kauft, kann sparen. **ALSO:** im Herbst shoppen, wenn die Campingsaison zu Ende ist. Im Frühling schnellen die Preise für Campingzubehör deutlich in die Höhe.

WILDCAMPEN: Tipps für Apps und Suchplattformen für außergewöhnliche Stellplätze gibt es im Kapitel »Campieren: Heute dort, morgen woanders« ab Seite 44. Gerne gerechtfertigt wird »Freistehen« abseits von Camping-

plätzen mit dem Jedermannsrecht. In den nordeuropäischen Ländern Schweden, Finnland und Norwegen sowie in der Schweiz ist damit das Gewohnheitsrecht hinsichtlich der Nutzung der Wildnis gemeint. In Bezug auf das Übernachten erlaubt das Jedermannsrecht, auf unkultiviertem Land für ein bis zwei Nächte zu zelten oder zu biwakieren. Ausgenommen sind Schutzgebiete. Und es gilt die Regel, zu bewohnten Häusern Abstand zu halten und den Ort der Übernachtung rückstandslos zu verlassen.

In Deutschland ist das Jedermannsrecht allerdings in einem ganz anderen rechtlichen Kontext verortet: der Strafprozessordnung. Es beschreibt die vorläufige Festnahme durch jede*n Bürger*in. Für Camper*innen ist hierzulande die Straßenverkehrsordnung (StVO) von Relevanz, die erlaubt, auf öffentlichen Parkflächen im Fahrzeug zu nächtigen, um die Fahrtüchtigkeit wiederherzustellen. Auf einem Waldparkplatz zu übernachten ist also – sofern nicht anders ausgewiesen – nicht verboten. **BEDINGUNG:** Markise, Tisch, Stühle und sonstiges Campingequipment verbleiben im Fahrzeug. Zwar gelten ähnliche Regelungen auch bei der Reise gen Süden – nahe Touristenhotspots und in Küstenregionen weisen Schilder jedoch häufig auf ein Campingverbot hin. Verstöße werden mit saftigen Bußgeldern geahndet.

Ausrüstung und Packliste

WASSERVERSORGUNG: Ein großer Bottich mit Tragegriffen zum Geschirrspülen, für die Handwäsche von Kleidung, Notfallkatzenwäsche und zum Wasserauffangen sowie ein Wasserkanister gehören zur Grundausstattung aller Campierenden. Wer mit Frisch- und Abwassertanks fährt, braucht außerdem einen Wasserschlauch oder mindestens eine Gießkanne zum Einfüllen des sauberen Wassers.

SCHADSTOFFARM AUF TÖ: Renner unter Camper*innen mit selbst ausgebauten Mobilen sind Komposttoiletten. Die geruchsfreien Trenntoiletten kann man als fertigen Bausatz kaufen oder mit Materialien aus dem Baumarkt als DIY-Projekt selbst bauen. Wer mit Schrebergärtner*innen bekannt ist, wird ganz sicher viele Erfahrungswerte und Tipps zum Eigenbau einholen können.

Größere und professionell ausgebaute Wohnvans und -wagen haben häufig einen Sanitärbereich inklusive Chemietoilette an Bord. Bei den Zusätzen, die Toilettenpapier und Ausscheidungen zersetzen, darauf achten, dass sie kläranlagenverträglich und schadstoffarm sind. Der Blaue Engel hat einige Produkte zertifiziert, die nicht biozidhaltig sind und dennoch Gerüche neutralisieren und die Gasbildung reduzieren.[99]

GASKOCHER STATT GRILL: Auch wenn uns die Kultserie »Die Camper« suggeriert, dass Camping ohne Grill nicht geht, kann man auf dieses Utensil getrost verzichten. In Ländern mit Trockenheit während des Sommers wie Kroatien, aber auch im heimischen Brandenburg ist im Sommer wegen Brandgefahr Grillen mit offenem Feuer verboten. Mit einem Multifuelkocher und passenden Pfannen lässt sich auch die Bratwurst zubereiten.

VOLT-VERSORGUNG: Zweitbatterie im Fahrzeug und elektronische Geräte lassen sich auf Camping- und Stellplätzen über die Nutzung des sogenannten Landstroms aufladen und nutzen. Geliehene und ausgebaute Campingbusse und Wohnmobile sind in der Regel mit dem notwendigen Kabelwerk, Umwandler und Anschlüssen ausgestattet. Reist man mit PKW und hausiert im (Dach-)Zelt, sollte man sich vor Reisebeginn mit den Möglichkeiten der Stromversorgung für die mitgeführten Geräte vertraut machen. Denn wer zur Nutzung des Wasserkochers und zum Laden des Laptops nicht neben einer Steckdose in Gemeinschaftsräumen des Campingplatzes kauern möchte, muss an ein langes Kabel mit outdoorgeeigneten Steckern (meist CEE) und eine Verteilersteckdose denken. In Südeuropa und England bedarf es unter Umständen zusätzlich eines Adapters. Für die mobile Stromversorgung über die Fahrzeugbatterie gibt es je nach Endgerät verschiedene Netzteile für den Zigarettenanzünder. **ABER ACHTUNG:** Generell sollten alle Ladegeräte fürs Auto nur bei laufendem Motor verwendet werden, um eine Tiefentladung der Autobatterie zu vermeiden.

KÜHLBOX: Wer sich vegan und vegetarisch ernährt, hat meist wenig Kühlbedarf. Dennoch empfiehlt sich die Investition in eine leistungsfähige Kompressorkühlbox. Mit USB-Anschluss kann diese während der Fahrt kühlen. Im Stand bedarf es des Anschlusses an eine zweite Batterie oder an Landstrom über das Stromnetz am Stellplatz.

WOHL SCHLAFEN: Es surrt und summt? Im Hochsommer und in Wassernähe ist man auch im Campingmobil Insekten ausgesetzt. Ab den Abendstunden gewissenhaft geschlossene Insektengitter an Fenstern und Türen sperren die Plagegeister aus. Hat der geliehene Bus keine, einfach einen handelsüblichen Mückenvorhang oder Netzstoff aus dem Baumarkt passend zum

Fensterrahmen mit ein paar Zentimetern mehr als benötigt zurechtschneiden und mit Klebeband anbringen. Um auch im Outdoorwohnzimmer nicht zerstochen zu werden, an natürlichen Mückenschutz denken (siehe Kapitel »Hygiene- und Pflegeprodukte, ohne die die Reise nicht losgehen kann« ab Seite 71).

SONNEN- UND HITZESCHUTZ: Schattenplätze auf dem Campingplatz sind beliebt, und gerade während der Sommerferien hat man nur eine eingeschränkte Platzwahl. Mit den Wettergegebenheiten vor Ort muss man sich also arrangieren. Beim Leihen eines Campingvans unbedingt auf eine Markise achten oder beim Kauf die Investition nicht scheuen! Alternativ schützen auch Sonnensegel oder -schirm vor einem Sonnenstich. Eine Aluscheibenabdeckung während des Tages und am Abend vor die Scheiben legen, damit die (Morgen-)Sonne das Mobil nicht zu stark aufheizt. Ein Miniventilator mit USB-Anschluss kann für seichte Luftzirkulation im Fahrzeug während der Nacht sorgen.

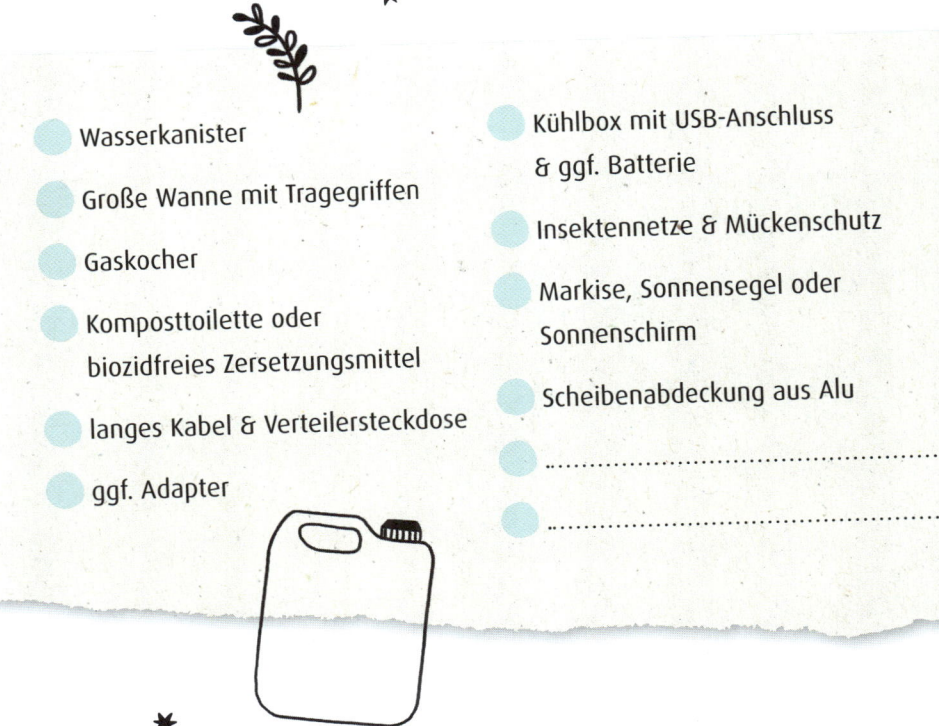

- Wasserkanister
- Große Wanne mit Tragegriffen
- Gaskocher
- Komposttoilette oder biozidfreies Zersetzungsmittel
- langes Kabel & Verteilersteckdose
- ggf. Adapter
- Kühlbox mit USB-Anschluss & ggf. Batterie
- Insektennetze & Mückenschutz
- Markise, Sonnensegel oder Sonnenschirm
- Scheibenabdeckung aus Alu
- ....
- ....

Camping mit Kindern

NACHTFAHRT: Langwierige und wenig abwechslungsreiche Streckenabschnitte wie Autobahnen kann man während der Nacht fahren. Spätestens ab drei Uhr nachmittags darf in der Regel auf Campingplätzen eingecheckt werden, und während die Fahrer*in noch einmal ein Nickerchen einlegt, erkunden die übrigen Familienmitglieder schon einmal die neue Umgebung.

BERUHIGT SCHLAFEN: Im Dach, Dachzelt oder Alkoven zu schlafen ist für Kinder ein richtiges Abenteuer. Um auf die obere Etage zu gelangen, klettert man über den Fahrersitz oder eine kleine Leiter hinauf. Damit die unten schlafenden Eltern trotz der potenziellen Fallhöhe ein Auge zutun können, kann man ein Sicherheitsnetz als Rausfallschutz spannen. Dieses ist bei Campinganbietern erhältlich.

BESTÄNDIGKEIT SCHAFFEN: Auch wenn man gerne frei campieren oder am nächsten Tag am liebsten schon einen neuen Rastplatz ansteuern möchte, hilft es der Stimmung, auch bewusst mehrtägige Aufenthalte auf einem Campingplatz einzuplanen. Gerade erst entdeckte Spielplätze und geschlossene Freundschaften schon am nächsten Morgen aufgeben zu müssen kann für die Jüngsten ansonsten zu Überdruss führen.

In unserem ersten Urlaub mit Campingbus während unserer Elternzeit haben wir festgestellt, dass wir uns zu viel zu schnell vorgenommen haben. Zu Hause haben wir kein Auto, und die langen Fahrtstunden waren für unsere damals Dreijährige ungewohnt. Wir hatten uns eine bestimmte Strecke in den Kopf gesetzt und wollten so wenig wie möglich an festen Camping- oder Stellplätzen rasten. Nach zwei Wochen war bei unserer Tochter die Luft raus – und das wegen vermeidbarer Fauxpas: Der Kindersitz lag tief und ermöglichte ihr nicht, aus dem Fenster zu schauen. Zusammen mit unserer damaligen Nulltoleranz für Medien erforderte das auf jeder längeren Fahrt einen Voll- betreuungseinsatz.

Als Campingneulinge hatten wir einige Dinge dabei, die wir nie oder nur einmal brauchten. Einen sperrigen Kugelgrill zum Bei- spiel. Und ein Schlauchboot. Bei dem begrenzten Platz im Bulli mit Aufstelldach ist jeder überflüssige Gegenstand eine Last, und wir verbrachten – wenn wir endlich am Ziel waren - viel Zeit mit dem Hin- und Herräumen, bis wir für die Nacht eingerichtet wa- ren. So blieb am Tagesende nur wenig echte Familienzeit.

Wir waren mit einer Vorstellung in den Roadtrip gestartet, die sehr instagramable war. Wir haben auch unheimlich viele schöne und aufregende Erlebnisse miteinander geteilt. Ein wenig mehr Erfahrungsberichte statt nur schöner Fotos hätten uns aber sicher ein realistischeres Bild vom Familienabenteuer »on the road« vermittelt.

Zu Wasser

ABENTEUER MIT KANU, HAUS- UND SEGELBOOT

Mit seinen Küstengewässern, Seen, Flüssen und Kanälen hat Deutschland auch in Sachen Wassertourismus einiges zu bieten. Verwunderlich, dass es viele deutsche Tourist*innen trotzdem eher in fernere Gewässer zu ziehen scheint.

Die Deutschen auf dem Kreuzfahrtdampfer

Die meisten europäischen Kreuzfahrtschiffpassagiere kamen 2019 aus Deutschland.[100] Dass der Luxusdampfer die für die Umwelt schädlichste aller Fortbewegungs- und Urlaubsarten ist, kann mit der Berechnung des ökologischen Fußabdrucks nachgewiesen werden (siehe »Fußabdruck berechnen«, Seite 18). Hauptprobleme sind der hohe Verbrauch fossiler Ressourcen für den Antrieb und einhergehend damit die enormen CO_2- und Feinstaubemissionen. Ein gigantisches Müllaufkommen, geringe Recyclingquoten und Lebensmittelverschwendung werden ebenfalls kritisiert. Und da die ganz großen Schiffe Entertainmentprogramm, Tourguides, Souvenirläden und Shopping-Malls mit an Bord führen, profitiert auch bei Landgängen die Lokalwirtschaft nur in geringem Maße von den Tourist*innenmassen.[101] Durch das Fahren unter fremder Flagge werden außerdem Steuern umgangen und Arbeits- und Sicherheitsstandards unterwandert – so etwa die Kritik 2016 an Royal Carribean, einem US-amerikanischen Unternehmen und einer der marktmächtigsten Reedereien der Welt, deren Schiffe unter der Flagge Liberias fuhren.

GREEN CRUISES

IMMERHIN: 2019 wurde die AIDAnova als erstes Kreuzfahrtschiff mit dem Blauen Engel für umweltfreundliches Schiffsdesign ausgezeichnet.[102] Und in seinem Kreuzfahrtranking 2020 gestand der Naturschutzbund (NABU) einzelnen europäischen Anbietern, allen voran Ponant und AIDA, Bemühungen um nachhaltigere Antriebe, z. B. mit Flüssiggas, und weitere »Green Cruises«-Maßnahmen zu.[103] Batterie und Brennstoffzellen als alternative Antriebe werden zudem als Zukunft der Kreuzschifffahrt ausgerufen.

Die heimischen Binnen- und Küstengewässer lassen sich schon jetzt nachhaltiger und vergleichsweise kostengünstig erkunden: Nur wenig oder sogar unmotorisiert, stattdessen mit Muskel- und Windkraft reist man mit Segelschiff, Hausboot und Kanu.

Reisereport: Anna und Malin von »annaundmalin.de«

Anna und Malin kommen aus Oldenburg, sind seit der Schulzeit Freundinnen und haben schon während ihrer Ausbildung in einer WG gelebt. Heute teilen sie sich 18 Quadratmeter auf ihrem Segelboot. Zum Reisen und Leben auf dem Segelboot kamen die Mittzwanzigerinnen mit jugendlicher Spontanität: Nach ihrer Ausbildung und vor dem Berufseinstieg wollten sie in die weite Welt. Doch wohin und vor allem: wie? Kindheitserinnerungen an Segeltörns mit Annas Opa gaben den Ausschlag für die Wahl des Reisens zu Wasser. Ohne eigene Segelerfahrung, dafür mit ordentlich Mumm und Abenteuerlust kauften die beiden 2019 von ihren Ersparnissen ein Segelboot. Nach einigen Monaten des Werkelns an der schwimmenden Unterkunft und dem schnellen Absolvieren eines Sportbootführerscheins startete ihre Reise zunächst gen Süden auf Europas Kanälen und Flüssen durch Holland, Belgien und Frankreich bis ins Mittelmeer. Dort wollten sie Segel setzen. Das Boot

hatte anderes vor: Nach einem Leck und einiger Zeit an Land war den beiden Einsteiger*innen klar, dass sie ihr Schiff aufgeben mussten und das Abenteuer erst einmal enden musste. Doch nicht für lange! Zurück zu Hause, paukten sie Segeltheorie und unternahmen Übungstörns mit Annas Großvater und dessen Schiff. Mit diesem stachen die beiden im ersten Coronafrühling dann in See. Seitdem erkunden sie die Nord- und Ostsee. Unter dem Titel »Zwei Mädels, ein Boot, kein Plan« haben sie ein (Log-)Buch über ihre turbulenten Erfahrungen auf dem eigenen Boot geschrieben.

Wohin ging die Reise bisher für euch? Und wie geht es weiter?

ANNA: Bisher sind wir die schwedische Westküste entlanggesegelt, haben dann den Winter in Malmö verbracht und schippern nun gen Stockholm. Ursprünglich waren ein oder zwei Jahre Reisezeit angedacht. Mit dem Boot zu reisen ist Slow Travel! Als wir auf den Flüssen mit Motor unterwegs waren, haben wir etwa 50 Kilometer am Tag zurückgelegt. Hier frisst das Schleusen viel Zeit. Pro Segeltag kommt man bei optimalen Bedingungen etwa 100 Kilometer weit, je nach Wind. Aber ob die Voraussetzungen herrschen, um überhaupt Segel zu setzen, weiß man manchmal erst am Reisetag selbst. Man kommt also eher langsam voran. Uns gefällt das aber, und wir wollen es so schnell nicht mehr aufgeben!

MALIN: Wir machen es, solange das Geld reicht! Über Youtube haben wir eine Community aufgebaut, die wir an unserem Abenteuer teilhaben lassen. Das virtuelle Mitreisen ist vielen einen monatlichen Obolus wert. Zusammen mit einem kleinen Onlineshop können wir uns derzeit auch finanziell über Wasser halten. Und unser reduzierter Lebensstil hilft ebenfalls dabei!

Erzählt doch mal davon!

MALIN: An Bord gibt es nur begrenzt Platz und Kapazitäten für Strom und Wasser. Unser Wassertank fasst 200 Liter, und der muss mindestens bis zum nächsten Hafen reichen. Auffüllgelegenheit gibt es manchmal nur einmal in der Woche. Wir haushalten also gut. Und: Unsere Toilette spült mit Seewasser.

ANNA: Auch viel Stauraum für Müll haben wir nicht, und die nächste Entsorgungsmöglichkeit ist im Zweifelsfall etwas hin. Daher achten wir schon im Supermarkt darauf, verpackungsarm einzukaufen. Es ist eigentlich wie Camping auf dem Wasser.

MALIN: Grundsätzlich hinterfragen wir bei allen Neuanschaffungen, ob wir diese wirklich brauchen und nutzen. Was sich für uns nicht bewährt, verschenken wir wiederum an andere Segler*innen. So kommt nichts weg!

Was gefällt euch an der Reise zu Wasser?

ANNA: Dass der Weg das Ziel ist. Das Faszinierende am Segeln ist, dass man ohne Treibstoff und allein mit der Kraft des Windes vorankommt. Segeln ist ein sehr bewusstes Reisen, weil man abhängig ist vom Wetter und von den Gezeiten. Man fühlt einfach am Ende des Tages jede Seemeile, die man zurückgelegt hat.

MALIN: Es ist eine ganz andere Perspektive, die man vom Wasser aus einnimmt. Auf unserer motorisierten Reise Richtung Mittelmeer sind wir auf der Seine durch Paris gefahren. Mitten durchs Geschehen! Der Blick auf die Stadt mit all ihren bekannten Sehenswürdigkeiten war einfach toll. Andere Tourist*innen schauen auf den Fluss, der so elementar für das Stadtbild ist, und machen Fotos – und wir waren ein Teil davon.

ANNA: Außerdem gelangt man an Orte, die ohne eigenes Boot unzugänglich sind. Wie die vielen kleinen Inseln, die wir in der westschwedischen Schärenlandschaft erkundet haben.

*Was für ein Schlag sind Segler*innen?*

ANNA: Seeleute unter sich sind wie eine Familie. Man hilft sich, kommt direkt ins Gespräch. Man lädt sich gegenseitig an Deck ein.

MALIN: Ein paar mehr Frauen, besonders jüngere, könnte die Segler*innengemeinschaft vertragen! Wir haben inzwischen viele Freundschaften mit Männern im Alter unserer Väter geschlossen (lacht).

Worauf muss man für die Planung einer Segelreise eingestellt sein?

MALIN: Man muss eins mit der Natur werden, denn man ist zum Fortkommen auf sie angewiesen!

ANNA: Wetter- und Windcheck gehört zu den ständigen To-dos beim Segeln. Man sollte sich eher weniger als mehr vornehmen. Wenn man an einen begrenzten Zeitraum gebunden ist wie im Urlaub, lautet die Faustregel: ein Drittel der Zeit für den Hinweg, zwei Drittel für den Rückweg planen. So hat man einen Puffer. Unter Zeitdruck wird man leichtsinnig und riskiert vielleicht einen Sturm.

Tipps für Planung und Reise

SEETAUGLICHKEIT TESTEN: Ob man als Seebär*in taugt oder doch eher Land-
ratte ist, kann man auf Tagesausflügen zu Wasser erproben. Dabei ist eine
Bootsfahrt nicht gleich eine Bootsfahrt:

1. *Stocherkahn fahren auf dem Neckar:* Italienflair vor Tübingens Altstadt-
kulisse kann man von Ende März bis Oktober genießen. Die an die venezia-
nischen Gondeln erinnernden Flachboote werden von einem »Stocherer«
fortbewegt. Klingt vielleicht nicht so geschmeidig wie Gondoliere, ist aber
sicher nicht weniger romantisch.

2. *Stand-up-Paddling (SUP) auf dem Wannsee:* Für diese Boards braucht es
keinen Wind, aber Körperspannung und ein Paddel. Das auf dem mit Luft
gefüllten Brett aufrecht stehende Paddeln ist ein Ganzkörperworkout. Wer
noch einen draufsetzen mag, probiert es auf einem speziellen Fitness- und
Yogaboard mit zusätzlicher Bewegung.

3. *Tretboot fahren auf dem Steinhuder Meer:* Das Steinhuder Meer ist eigentlich ein See – und zwar der größte in Niedersachsen. Moorlandschaften
sowie familienfreundliche Sandstrände lassen sich vom Wasser aus besichti-
gen. Wer ordentlich in die Pedale getreten hat, gönnt sich bei Schweer's in
Steinhude frisch geräucherten Aal und andere Fischleckereien.

4. *Mit dem Elektromotor auf dem Königssee:* Geräuscharm surren die Elek-
tromotorboote – gebaut in der hauseigenen Werft gleich am See – über das
fjordähnlich anmutende Gewässer im Berchtesgadener Land. Die Kapitäne
beeindrucken mit einem Spiel auf dem Flügelhorn, welches von der Echo-
wand wiedergegeben wird.

5. *Kahn fahren im Spreewald:* Malerisch ist die Fahrt von Dorf zu Dorf im
traditionellen Spreewaldkahn. Und lecker, wenn Spreewälder Gurken oder
Kaffeegedeck gereicht werden.

6. *Rudern auf dem Helenesee:* Die »kleine Ostsee« nahe Frankfurt im Oder-
Spree-Seengebiet entstand aus einem Braunkohletagebau. Heute kann man
ganz sauber auf dem See vielfältigen Wassersportaktivitäten nachgehen.

7. *Floßfahrt auf Aller und Saale:* Auf Tages- oder Halbtagesetappen können Gäste die Aller in der Lüneburger Heide abwärts auf Holzflößen treiben. Auch auf der Saale in Thüringen gilt das Flößen als Kulturerbe.

8. *Drachenboot fahren in der Oberpfalz:* Auf dem Steinberger See rudern Gruppen von zehn bis 22 Personen im Drachenboot. Nachtfahrten, Schnitzeljagd oder Wettbewerbsrudern bietet MovinGround an.

9. *Rafting auf der Isar:* Mit einer Kenterung muss gerechnet werden! Mindestens aber wird es nass. Mit Blick auf Berge und Nadelwälder ist das Wildwasser der Isar ein besonderes Erlebnis.

10. *Mit dem Wikingerschiff auf dem Chiemsee:* Mehrmals täglich legt das Wikingerschiff »Freya« von Schramlbad in Prien-Harra zu einer zweistündigen Fahrt ab. Die maximal 40 Passagiere legen selbst Hand an den Ruderriemen und erfahren nebenbei allerlei über das Navigieren, Steuern, Loten und Ankern.

Mehrtagestrips zu Wasser: Mit Muskelkraft, Wind oder Motor?

Am umweltfreundlichsten und aktivsten reisen Kanut*innen. Segeljachten nutzen die Windkraft und haben mit Schlafkojen, Kombüse und Bad eine Unterkunft gleich mit unter Deck. Hausboote oder -floße schippern mit geringer Motorkraft über Binnengewässer oder lassen sich treiben.

Unter einer Motorkraft von 15 Pferdestärken (PS) sind auf allen Bundeswasserstraßen (binnen- und seewärts) keine speziellen Erlaubnisse erforderlich

– mit Ausnahme des Rheins. Wer dort oder in Küstengewässern segeln oder mit dem Motorboot fahren möchte, benötigt ab einer Motorleistung von 5 PS den Sportbootführerschein See bzw. Binnen. Führerscheinfreie Boote dürfen höchstens zwölf Stundenkilometer schnell sein.

FLUSSWANDERN: Beim nichtmotorisierten Wassertourismus paddelt das Kanu an erster Stelle. Unterschieden werden Kajak und Kanadier. Ersteres wird mit einem Doppelpaddel betrieben, Letzteres sitzend oder kniend mit einem Stechpaddel. Am meisten mit Muskelkraft gewasserwandert wird auf Aller, Lahn und der Müritz-Elde-Wasserstraße. Hier ist die Frachtschifffahrt gering und die touristische Infrastruktur mit Ein- und Ausstiegsstellen, Leihservices, Biwak- bzw. Wasserwanderrastplätzen (WWR) und Gastronomie gut entwickelt.[104] Aber auch die großen Flüsse Weser, Elbe, Rhein und Mosel werden stark bepaddelt. Eine kostengünstige Übernachtungsmöglichkeit für Kanut*innen sind Kanustationen. Ein Verzeichnis der über 250 geprüften, häufig von Kanuvereinen betriebenen Übernachtungsgelegenheiten führt der Deutsche Kanu Verband (DKV).[105] Die kostenfreie App Canua bietet Paddler*innen mit Kanu, Kajak oder Stand-up-Paddel Gewässerbeschreibungen und Wasserkarten, um eigene Paddeltouren zu planen, aufzuzeichnen und danach zu navigieren.

HAUSBOOTURLAUB: Die floßähnlichen Hausboote bestehen aus Schlaf- und Wohnraum, Dusche und Toilette sowie Küche und einer Terrasse. Wenn man sich nicht gerade treiben lässt, sorgt ein Motor für zielgerichtetes Fahren. Reviere, in denen sich Hausbootcharter finden, liegen in Deutschland vor allem an Müritz, Havel und Lahn. **TIPP:** weit im Voraus buchen! Die Zahl der Anbieter ist noch überschaubar, und Hausbooturlaub gewinnt an Beliebtheit.

Beim Chartern eines Hausbootes gibt es vom Verleih eine mehrstündige Einführung in die Wasserverkehrsregeln und die Handhabung des Bootes, die für eine Charterbescheinigung qualifiziert. Gefahren werden darf dann nur in einem bestimmten Revier. Eine gute Übersicht, wo man unter welchen Bedingungen und Einschränkungen führerscheinfrei fahren darf, findet sich auf der Webseite des Arbeitskreises Charterboot.[106]

SEGELTÖRN: Mitsegelgelegenheiten von privaten wie gewerblichen Anbietern listet die Plattform handgegenkoje.de. Schließt man sich einem privaten Törn an, ist es Usus, sich die Kosten während der Reise zu teilen und ordentlich mit anzupacken. Hier werden häufig Segler*innen mit Erfahrung und Alleinreisende bevorzugt. Paare und Segelfrischlinge ohne Vorkenntnisse können sich aber auch in einer Koje oder Kabine einmieten oder gleich ein ganzes Schiff mit Skipper*in chartern. Bei solchen begleiteten Segeltörns lernt man »on the job«. Wer chartert, muss sich um die Ausrüstung und Ausstattung nicht sorgen. Im Segelgepäck nicht fehlen sollten aber:

● *Schuhe mit heller Sohle:* Um keine Markierung auf Deck zu hinterlassen, wird Segler*innen Schuhwerk mit heller Sohle empfohlen. Noch wichtiger ist aber, dass die Schuhe ein glattes Profil mit Drainagekanälen haben. Das

Obermaterial ist strapazierfähig, wasserdicht und/oder schnelltrocknend. Keine ausgewiesenen Segelschuhe, aber dennoch geeignet, fair und umweltfreundlich produziert sind zum Beispiel die Schnürtrainer von Ethletic.

● *Wetterfeste, warme Kleidung:* Regenhose, -cape und -hut, lange Unterwäsche sowie wind- und wetterfeste Oberbekleidung sollten auch im Sommer mit von der Segelpartie sein. Durch den beständigen Wind ist es auf See deutlich kälter als auf dem Land. Eine Wärmflasche für die Koje hilft, wenn man sich doch mal verkühlt hat. Denn eine heiße Wanne zum Aufwärmen wird man an Bord nicht finden!

● *Badespaß:* Fortbewegung, Unterkunft, Erlebnisse – einfach alles findet auf einem Segeltörn auf, um oder im Wasser statt. Für das Entertainmentprogramm also unbedingt an Luftmatratze, Wassertiere und Schlauchboot denken.

● *Sonnenschutz:* Ob blauer Himmel oder bewölkt, Hochsommer oder Herbst

– Sonnenschutz ist immer wichtig. In, am oder auf dem Wasser ist man der UV-Strahlung noch stärker ausgesetzt, denn die Oberfläche reflektiert zehn bis 30 Prozent der Strahlung.[107] Neben Sonnencreme (siehe Seiten 36 und 37), kopf- und hautbedeckender Kleidung insbesondere auch an den Schutz der Augen denken. Bei der Sonnenbrille ist der 100-prozentige UV-Filter entscheidend; die Tönung hilft nur gegen die Blendung.

Entlang Wasserstraßen gibt es Anlegeplätze hinter Schleusen oder in Marinas, wo man – wenn frei – für die Nacht das Boot vertäuen kann. Bezahlt wird in der Regel nach Schiffslänge. Ankerplätze, z. B. in Buchten in der Ostsee, findet man über Apps wie Navily. Navionics von Garmin ist eine Navigationshilfe für das Tablet oder Smartphone mit Seekarten, und Nutzer*innen erhalten Informationen zum Beispiel zu Bojen der Saison, Lichtern, Felsen und Liegeplätzen.

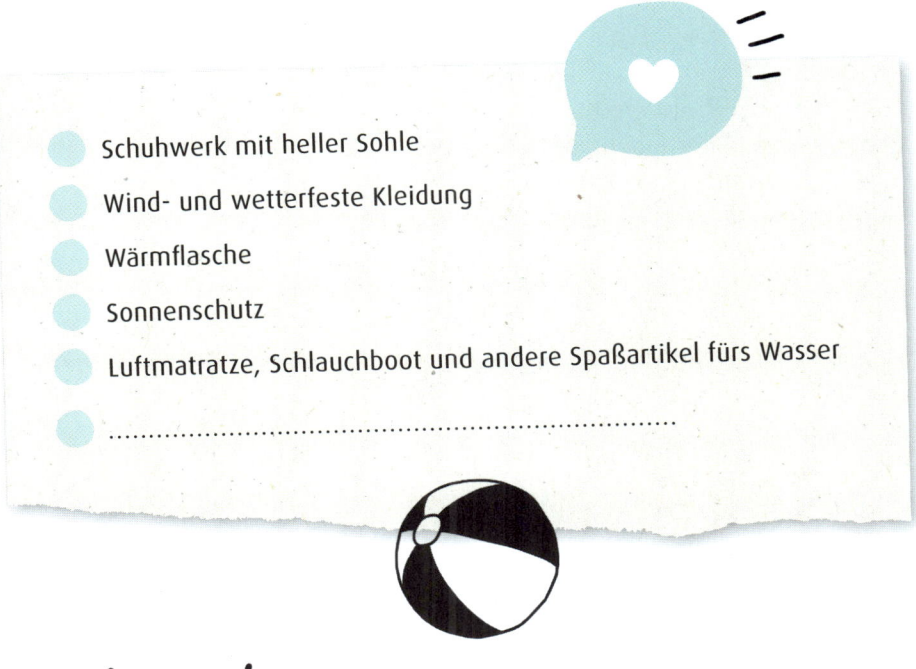

- Schuhwerk mit heller Sohle
- Wind- und wetterfeste Kleidung
- Wärmflasche
- Sonnenschutz
- Luftmatratze, Schlauchboot und andere Spaßartikel fürs Wasser
- ....

Auf dem Wasser mit Kindern

BABY: Ihnen gefällt das Schunkeln an Bord! Egal, ob auf einem Segel- oder Hausboot – solange die Kleinen nicht mobil sind, sind beide Bootstypen geeignet, um ein kuschliges Nest zu bauen.

KLEINKIND BIS VORSCHULALTER: Viel Bewegungsdrang erfordert immerzu, ein Auge auf die jüngsten Crewmitglieder zu haben. Segeln und Wasserwandern sind für junge Wirbelwinde noch nichts. Gemütlich über ruhige Binnengewässer im Hausboot zu treiben ist für diese Altersgruppe eher geeignet, viele Badepausen, Landaufenthalte und ein wenig Nervenstärke aufseiten der Eltern vorausgesetzt.

AB ACHT JAHREN: Der Deutsche Kanuverband empfiehlt als Einstiegsalter für Nachwuchspaddler*innen acht Jahre. Bei einem Tagesausflug können die Kinder auch jünger sein. Will man über mehrere Tage und eine längere Strecke vorankommen, bedarf es der Muskelkraft aller Insassen. Paddeln lernen können Kinder und Erwachsene in nahezu 1.300 Kanuklubs in Deutschland.

AB 10 JAHREN: Ab diesem Alter können laut AK Charterboot Kinder in das Segeln einbezogen werden. Zum Einstieg kürzere Touren mit drei bis vier Stunden planen, die in einem Hafen mit Spielplatz oder anderen Highlights für Kinder enden!

Die dänische Südsee in der Ostsee mit vielen dicht beieinanderliegenden Häfen und Marinas gilt als besonders geeignet für Crews mit Kindern. Gelobt wird Dänemark immer wieder als besonders kinderfreundliches Land[108, 109] – sowohl als Wohnort für Familien als auch als touristische Destination. Das zeigt sich auch bei den Marinas und Liegeplätzen, die mit Familienfreundlichkeit punkten.

Beim Flottillensegeln tun sich mehrere Segeljachten zusammen und segeln unter einer gemeinsamen Flottillenleitung gemächlich von Hafen zu Hafen. Unter dem Stichwort findet man zunehmend auch All-inclusive-Segelerlebnisse speziell für Familien. Komfortabel, aber kostspielig![110]

GRUSS DER AUTORIN

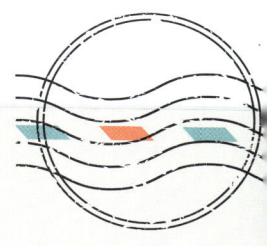

Liebe*r Leser*in,

ich hoffe, deine Reiselust zu Zielen in Deutschland und nah bei ist ebenso geweckt wie dein Abenteuergeist, um neue Wege in Sachen Mobilität zu bestreiten. Vielleicht wagst du dich nicht gleich an den Jahresurlaub auf dem Rad oder mit alternativen, umweltfreundlicheren Fortbewegungsmitteln. Aber wie wäre es mit dem nächsten Wochenendtrip auf dem Zweirad oder im Zug? Oder die Wahl einer ressourcenschonenden Unterkunftsart? Möglicherweise ist die Entscheidung für ein nahe gelegenes Reiseziel für dich bereits ein Novum? Wie du das nachhaltigere Reisen, Urlauben und Erholen auch angehst — der erste Schritt zählt. Und dann der nächste. Ich wünsche dir eine gute Reise!

Deine Julia-Maria

Dich hat dieser Green-Travel-Guide zum nachhaltigeren Reisen inspiriert? Teile dein Reiseziel und -erlebnis gerne mit mir über hi@nicetohavemag.com!

LINKS & LEKTÜRE

Bücher

- *Henry David Thoreau (1854):* »Walden oder Leben im Wald«, Diogenes Verlag

- *Clemens G. Arvay (2015):* »Der Biophilia-Effekt. Heilung aus dem Wald«, Ullstein Verlag

- *Alastaire Humphreys (2014):* »Microadventures: Local Discoveries for Great Escapes«, HarperCollins Publishers

- *Städteführer für Deutschland:* »111 Orte, die man gesehen haben muss«, Emons Verlag

- *Lisa-Maria Kraft und Maximilian Gierlinger (2020):* »Mit Fairgnügen reisen: Nachhaltig um die Welt mit zweidiereisen«, Edition Michael Fischer

- *Anna Lange und Malin Knodel (2021):* »Zwei Mädels, ein Boot, kein Plan«, Polyglott

Magazine für nachhaltiges Reisen und Tourismus:

- *»Anderswo-Magazin«,* fairkehr Agentur und Verlag

- *»Fairkehr«,* Verkehrsclub Deutschland (VCD)

- *»Walden: Das Outdoor-Magazin von GEO«,* Gruner + Jahr

Informationsstellen zum nachhaltigeren Reisen

● Der **VERKEHRSCLUB DEUTSCHLAND (VCD)** setzt sich für nachhaltige Mobilität im Sinne der Verbraucher*innen ein, also sowohl Autofahrer*innen als auch Fahrradfahrer*innen, Fußgänger*innen, Bahn- und ÖPNV-Nutzer*innen. Der Verband bietet Formate und Tools zur Information über verschiedene Fortbewegungsmittel, wie den BahnCard-Rechner oder den Kostencheck Mobilität: *www.vcd.org/startseite*

● Im **FORUM ANDERS REISEN** haben sich über 100 Reiseveranstalter zusammengeschlossen, die sich für einen nachhaltigen Tourismus engagieren. Eine gute Rechercheplattform für nachhaltigere Unterkünfte, aber auch Pauschalangebote. **HILFREICH:** Die Kategorisierung nach Reisearten, wie Frauen-, 50+-, Single-, Familien-, Studienreisen und so weiter: *www.forumandersreisen.de/*

● Welche Länder tun bereits besonders viel für den Klimaschutz? Ob ein Reiseland in den Kategorien Treibhausgasemissionen, Energienutzung, Förderung von erneuerbaren Energien und Klimapolitik besonders engagiert ist, weist der **CLIMATE CHANGE PERFORMANCE INDEX** (CCPI) aus. Hinter dem Ranking steht Germanwatch, eine gemeinnützige Entwicklungs- und Umweltorganisation: *www.ccpi.org*

● Fairtrade Towns sind sowohl Städte, Gemeinden sowie Regionen und Bundesländer, die sich besonders für den fairen Handel engagieren. Ein Verzeichnis der über 700 deutschen Fairtrade Towns findet sich unter: *www.fairtrade-towns.de*

● Service- und Informationsseite des **DEUTSCHEN WANDERVERBANDS** mit über 500 kurzen und langen Wanderwegen in Deutschland: *www.wanderbares-deutschland.de*

● Vergabe des Siegels **»LEADING QUALITY TRAILS – BEST OF EUROPE«**: *www.era-ewv-ferp.com/de/startseite*

● **BARFUSSPARKS UND -PFADE** in Deutschland und Europa:
www.barfusspark.info/index.html

● **SOCIETY FOR BAREFOOT LIVING**, die Internationale Barfuß-Community mit vielen Hintergrundinformationen zum Barfußlaufen und -wandern:
www.barefooters.org/about-us

● »The world before your feet « (2018) – **DOKUMENTATION ÜBER MATT GREENS MEHRJÄHRIGE WANDERUNG DURCH DIE STRASSEN NEW YORKS:**
www.theworldbeforeyourfeet.com

● **WANDERETAPPENPLANUNG FÜR DEUTSCHLANDROUTEN:**
www.radkompass.de/D-Route

● Der **EUROPÄISCHE RADFAHRERVERBAND** (ECF) vertritt die Interessen der Zweiradbegeisterten in Europa und hat die EuroVelo-Routen initiiert:
www.ecf.com

● Umfangreiche Informationen zu den **EUROVELO-ROUTEN** in deutscher Sprache: *www.eurovelo.com*

● Der **ALLGEMEINE DEUTSCHE FAHRRAD-CLUB** (ADFC) ist die Anlaufstelle für Radtourismus in Deutschland und listet in seinem Routenfinder Touren unterschiedlichster Länge, Qualität und nach weiteren Suchparametern auf:
www.adfc-radtourismus.de/radtouren

● 2021 hat die Europäische Kommission als **JAHR DER SCHIENE** ausgerufen – quasi ein Kick-off für den über Gleise führenden europäischen Green Deal für mehr Klimaschutz. Verschiedene Veranstaltungen, Aktivitäten und Initiativen machen auf die Möglichkeiten des grenzüberschreitenden Bahnreisens aufmerksam und fördern diese: *www.europa.eu/year-of-rail/index_de* und in sozialen Medien unter dem Schlagwort #EUYearofRail

● Leidenschaftliche, umweltbesorgte und verantwortungsbewusste Wohnmobilist*innen und Camper*innen haben sich in dem **VEREIN WOHNMOBIL FÜR KLIMASCHUTZ** zusammengeschlossen, engagieren sich in Pflanzprojekten und tauschen Wissen und Erfahrungen über umweltschonende Campinghacks aus: *www.wohnmobil-fuer-klimaschutz.de.*

● Eingebunden in den Bundesverband Wassersportwirtschaft e. V., informiert der Arbeitskreis **CHARTERBOOT** Bootsurlauber über die vielfältigen Möglichkeiten der Bootsmiete und Spezifika von Revieren im In- und Ausland: *www.charterboot.net*

● Der **DEUTSCHE KANU-VERBAND** (DKV) ist eine gute Anlaufstelle für Neulinge, die muskelbetrieben wasserwandern möchten. Der Servicebereich auf der Webseite ist umfangreich mit Informationen gefüllt. Der Verband prüft zum Beispiel Übernachtungsmöglichkeiten für Kanut*innen und weist diese in einem Verzeichnis aus: *www.kanu.de*

SCHLAGWORTVERZEICHNIS

BILDNACHWEIS

QUELLEN

1. Schmücker, Dirk / Sonntag, Ulf / Günther, Wolfgang (2019): Nachhaltige Urlaubsreisen: Bewusstseins- und Nachfrageentwicklung – Grundlagenstudie auf Basis von Daten der Reiseanalyse 2019, S. 6–7 [https://www.bmu.de/fileadmin/Daten_BMU/Pools/Forschungsdatenbank/fkz_um18_16_502_nachhaltigkeit_reiseanalyse_2019_bf.pdf].

2. Lenzen, Manfred et al. (2018): The carbon footprint of global tourism, in: Nature Climate Change, 8, S. 522–528 [https://doi.org/10.1038/s41558-018-0141-x].

3. WWF (2009): Der touristische Klima-Fußabdruck – WWF-Bericht über die Umweltauswirkungen von Urlaub und Reisen [https://www.wwf.de/fileadmin/fm-wwf/Publikationen-PDF/Der_touristische_Klima-Fussabdruck.pdf].

4. WWF (2019): Sommer, Sonne, Plastikmüll – das Mittelmeer erstickt im Plastik [https://www.wwf.de/themen-projekte/meere-kuesten/plastik/sommer-sonne-plastikmuell-das-mittelmeer-erstickt-im-plastik].

5. DEHOGA (2016): Nachhaltiges Wirtschaften in Hotellerie und Gastronomie, S. 5 [https://energiekampagne-gastgewerbe.de/sites/default/files/2020-11/dehoga_umweltbroschuere_oktober_2016.pdf].

6. Statista (2020): Entwicklung des Wasserverbrauchs pro Einwohner und Tag in Deutschland in den Jahren 1990 bis 2019 [https://de.statista.com/statistik/daten/studie/12353/umfrage/wasserverbrauch-pro-einwohner-und-tag-seit-1990/].

7. Umweltbundesamt (2021): Nachhaltiger Tourismus [https://www.umweltbundesamt.de/themen/wirtschaft-konsum/nachhaltiger-tourismus#bedeutung-des-tourismus].

8. Gössling, Stefan / Peeters, Paul (2015): Eine Bewertung der Ressourcennutzung des Tourismus [https://www.tourism-watch.de/de/schwerpunkt/eine-bewertung-der-ressourcennutzung-des-tourismus].

9. Tribukait, Julia (2017): Was Garnelen mit dem Weltmangroventag zu tun haben [https://blog.wwf.de/weltmangroventag/].

10. McDowell, A. Joanne / Carter, R. W. G. / Pollard, H. John (1993): The impact of man on the shoreline environment of Costa del Sol, Southern Spain, in: Wong, P. P. (Hrsg.): Tourism vs Environment: The Case for Coastal Areas. The GeoJournal Library, 26, S. 189–209.

11. Petermann, Thomas / Hutter, Christina / Wennrich, Christine (1998): Bd. 1: Gesellschaftliche, ökologische und technische Dimensionen, in: Petermann, Thomas (Hrsg.): Folgen des Tourismus. Berlin: Ed. Sigma, S. 61.

12. Europäische Kommission (2010): Aktionsplan der EU zur Biodiversität: Bewertung 2010, S. 11 [https://ec. europa.eu/environment/nature/info/pubs/docs/2010_bap_de.pdf].

13. Statista (2021): Weltweites Tourismusaufkommen nach Anzahl der Reiseankünfte in den Jahren 1950 bis 2019 [https://de.statista.com/statistik/daten/studie/37123/umfrage/weltweites-tourismusaufkommen-nach-reiseankuenften-seit-1950/].

14. Schmücker, Dirk / Sonntag, Sonntag / Günther, Wolfgang (2019): Nachhaltige Urlaubsreisen. Bewusstseins- und Nachfrageentwicklung – Grundlagenstudie auf Basis von Daten der Reiseanalyse 2019, S. 27 [https://www.bmu.de/fileadmin/Daten_BMU/Pools/Forschungsdatenbank/fkz_um18_16_502_nachhaltigkeit_reiseanalyse_2019_bf.pdf].

15. Stiftung für Zukunftsfragen (2021): Tourismus Analyse 2021. Reiseziele 2021 [http://www.tourismusanalyse.de/zahlen/daten/statistik/tourismus-urlaub-reisen/2021/reiseziele-2021/].

16. Gössling, Stefan / Peeters, Paul (2015): Assessing tourism's global environmental impact 1900–2050, in: Journal of Sustainable Tourism, 23:5, S. 639–659, DOI:10.1080/09669582.2015.1008500.

17. Statista (2020): Beitrag der Tourismusbranche zum BIP in ausgewählten Ländern und Regionen in den Jahren 2018 und 2019 [https://de.statista.com/statistik/daten/studie/289171/umfrage/beitrag-der-spanischen-tourismusbranche-zum-bip-im-vergleich/].

18. Suhr, Frauke (2020): Internationaler Tourismus – Weltweit deutlich weniger Reisen wegen Corona [https://de.statista.com/infografik/22697/auswirkung-des-coronavirus-auf-den-internationalen-tourismus/].

19. WWF (2021): Corona-Krise weltweit [https://www.wwf.de/aktuell/corona-notspende/?_ga=2.228011677.1488201092.1616930562-2133095369.1612105126].

20. WWF (2020): Corona-Effekt im Tropenwald [https://www.wwf.de/2020/mai/corona-effekt-im-tropenwald].

21. Welt.de (2018): Australien stellt Millionensumme für Rettung des Great Barrier Reef bereit [https://www.welt.de/newsticker/news1/article175932661/Umwelt-Australien-stellt-Millionensumme-fuer-Rettung-des-Great-Barrier-Reef-bereit.html].

22. Energiezukunft.eu (2018): Umweltschutz first: Belize entsagt dem Erdöl [https://www.energiezukunft.eu/politik/umweltschutz-first-belize-entsagt-dem-erdoel/].

23. Maack, Thilo (2009): Der Walfang heute im Südpolarmeer [https://www.greenpeace.de/themen/artenvielfalt/meeressauger/der-walfang-heute-im-sudpolarmeer].

24. Gössling, Stefan / Peeters, Paul (2015): Assessing tourism's global environmental impact 1900–2050, in: Journal of Sustainable Tourism, 23:5, S. 639–659.

25. Bundeszentrale für politische Bildung (2017): Ökologischer Fußabdruck und Biokapazität [https://www.bpb.de/nachschlagen/zahlen-und-fakten/globalisierung/255298/oekologischer-fussabdruck-und-biokapazitaet].

26. Global Footprint Network (2021): Ecological Deficit/Reserve [https://data.footprintnetwork.org/?_ga=2.28274108.1678461938.1616853014-1278595382.1616853014#/].

27. Smid, Karsten (2014): Unser CO_2-Fußabdruck [https://www.greenpeace.de/co2fussabdruck].

28. Technische Universität Graz (2021): Ökologischer Fußabdruck für Urlaub und Reise [http://www.fussabdrucksrechner.at/de/calculation/tourism].

29. Travelbook (2020): Die 18 sonnigsten Urlaubsorte in Deutschland [https://www.travelbook.de/ziele/sonnenstunden-deutschland-hier-scheint-die-sonne-am-meisten].

30. Wegweiser-freiwilligenarbeit.com (2019): Wegweiser Freiwilligenarbeit im Ausland. So wählen Sie die richtige Organisation aus [http://bilder.wegweiser-freiwilligenarbeit.com/wp-content/uploads/2019/10/2019-10-24-Wegweiser_Freiwilligenarbeit_im_Ausland_HD.pdf].

31. Umweltbundesamt (2016): Entwicklung von Instrumenten zur Vermeidung von Lebensmittelabfällen, S. 65 [https://www.umweltbundesamt.de/sites/default/files/medien/377/publikationen/2016-12-14_vermeidung-lebens_mittelabfalle_dt_lang_fin.pdf].

32. Plüss, Christine et al. (2016): Nachhaltigkeit im Tourismus.

Wegweiser durch den Labeldschungel [https://www.tourism-watch.de/system/files/document/labelguide_3_de_2016.pdf].

33. Label Online (2021): Label-Suche: Tourismus und Mobilität [https://label-online.de/suche/f0/sector%3ATourismus%20und%20Mobilit%C3%A4t/].

34. Welt.de (2021): Caravaning-Markt [https://www.welt.de/motor/news/article225209253/Corona-Rekorde-Caravaning-Markt.html].

35. Bundesministerium für Umwelt, Naturschutz und nukleare Sicherheit (2019): Umweltinformationen für Produkte und Dienstleistungen – Anforderungen – Instrumente – Beispiele, S. 16ff. [https://www.bmu.de/fileadmin/Daten_BMU/Pools/Broschueren/umweltinformationen_produkte_dienstleistungen.pdf].

36. Preuss, Simone (2018): Rana Plaza – fünf Jahre danach [https://fashionunited.de/nachrichten/mode/rana-plaza-fuenf-jahre-danach/2018042425076].

37. Deutscher Gewerkschaftsbund (2014): Rana Plaza: Es fehlen noch 15 Millionen Dollar Entschädigung [https://www.dgb.de/themen/++co++acc5848e-4568-11e4-96a5-52540023ef1a].

38. Kampagne für saubere Kleidung (2017): Kampagne für saubere Kleidung ruft Hugo Boss zu Transparenz in der Lieferkette auf [https://saubere-kleidung.de/2017/05/kampagne-fuer-saubere-kleidung-ruft-hugo-boss-zu-transparenz-auf/].

39. INKOTA-Netzwerk (2016): Made in Italy – Ausbeutung mitten in Europa [https://www.youtube.com/watch?v=3tIXfIGlM18].

40. International Union for Conservation of Nature (2017): Primary microplastics in the oceans [https://portals.iucn.org/library/node/46622].

41. Greenpeace (2017): Zu robust für die Umwelt – Mikrofasern aus Kleidungsstücken belasten die Ozeane [https://www.greenpeace.de/themen/endlager-umwelt/textilindustrie/zu-robust-fuer-die-umwelt].

42. Bergfreunde.de (2019): Plastikfreie Alternativen für Outdoor-Bekleidung [https://www.bergfreunde.de/basislager/plastikfreie-alternativen-fuer-outdoor-bekleidung/].

43. Flatley, Annika (2020): Zertifizierte Naturkosmetik. Die wichtigsten Siegel [https://utopia.de/ratgeber/naturkosmetik-siegel/].

44. Schlumpf, Margret et al. (2008): Developmental toxicity of UV filters and environmental ex-posure: a review, in: International Journal Andrology, 31 (2), S. 144–151.

45. Danovaro, Roberto (2008): Sunscreens Cause Coral Bleaching by Promoting Viral Infections, in: Environmental Health Perspectives, 116 (4), S. 441–447.

46. Müller, Celine (2019): Menstruationstasse statt Tampon – sinnvoll und sicher? [https://www.deutsche-apotheker-zeitung.de/news/artikel/2019/10/09-10-2019/menstruationstasse-statt-tampon-sinnvoll-und-sicher].

47. Robert Koch-Institut (2020): Karte der FSME-Risikogebiete [https://www.rki.de/DE/Content/InfAZ/F/FSME/Karte_Tab.html].

48. Lang, Christian (2020): Mücken und Zecken. Diese Mittel schützen vor Stichen [https://www.ndr.de/ratgeber/verbraucher/Muecken-und-Zeckenstiche-Diese-Mittel-schuetzen,muecken156.html].

49. Kongkaew, Chuenjid et al. (2011): Effectiveness of citronella preparations in preventing mos-quito bites: systematic review of controlled laboratory experimental studies, in: Tropical Medicine and International Health, 16 (7), S. 802–810.

50. Utopia (2012): Mückenspray selber machen. Schutz mit natürlichen Zutaten [https://utopia.de/ratgeber/mueckenspray-selber-machen-schutz-mit-natuerlichen-zutaten/].

51. Haas, Michaela (2019): Wie wir endlich von der Flasche loskommen [https://sz-magazin.sueddeutsche.de/die-loesung-fuer-alles/wie-wir-endlich-von-der-flasche-loskommen-86783].

52. Umweltbundesamt (2018): Qualität des Trinkwassers aus zentralen Versorgungsanlagen [https://www.umweltbundesamt.de/daten/wasser/wasserwirtschaft/qualitaet-des-trinkwassers-aus-zentralen#messdaten-zur-trinkwasserqualitat-in-deutschland].

53. Stiftung Warentest (2020): Trinkwasser im Test. Wasser aus 20 Städten und Gemeinden auf dem Prüfstand [https://www.test.de/Trinkwasser-im-Test-5049894-0/].

54. Bayerischer Rundfunk (2016): Auf kleiner Flamme – Streichholz oder Feuerzeug? [https://www.br.de/radio/bayern1/inhalt/experten-tipps/umweltkommissar/streichhoelzer-feuerzeug-oekologisch-100.html].

55. Statista (2020): Anteil der Zahlungsarten am Einzelhandelsumsatz in Deutschland in den Jahren 2009 bis

2020 [https://de.statista.com/statistik/daten/studie/1129255/umfrage/umsatzanteil-zahlungsgarten-einzelhandel-in-deutschland/].

56. Raab, Klaus (2019): Flugscham. Der dumme Weltbürger [https://www.zeit.de/entdecken/reisen/2019-05/flugscham-fliegen-reisen-umwelt-oekologisch-co2/komplettansicht].

57. Umweltbundesamt (2019): Tipps – Mobilität – Flugreisen [https://www.umweltbundesamt.de/umwelttipps-fuer-den-alltag/mobilitaet/flugreisen#unsere-tipps].

58. Mensen, Heinrich (2013): Handbuch der Luftfahrt. Berlin: Springer Verlag, S. 15.

59. Fluggastberatung.de (2015): Deutschland reist – die Entwicklung des Flugtourismus [https://www.fluggastberatung.de/deutschland-reist-die-entwicklung-des-flugtourismus/].

60. 2008, im Magazin »Fikrun wa Fann« des Goethe-Instituts.

61. Humphreys, Alastair: Microadventures [https://alastairhumphreys.com/microadventures/].

62. Roger, Ulrich (1984): View through a window may influence recovery from surgery, in: Science, 27, S. 420–421.

63. Li, Q. et. al. (2009): Effect of phytoncide from trees on human natural killer cell function. In: International Journal of immunopathology and pharmacology, 22 (4), S. 951–959.

64. Raschke-Maas, Kathleen (2017): Heilkraft der Natur. Waldbaden ist das neue Spazierengehen [https://www.mdr.de/wissen/waldbaden-gegen-krebs100.html].

65. Pharmazeutische Zeitung (2019): Neue Studie – Schon 20 Minuten im Grünen senken das Stresslevel [https://www.pharmazeutische-zeitung.de/schon-20-minuten-im-gruenen-senken-das-stresslevel/].

66. Schaefer, Stefan (2020): Wald und Gesundheit. Kur- und Heilwälder, in: Gemeinde und Stadt, 10, S. 294–296 [https://www.gstb-rlp.de/gstbrp/Publikationen/Aktuelles/2020/Wald%20und%20Gesundheit%20%E2%80%93%20Kur-%20und%20Heilw%C3%A4lder/Aufsatz%20Wald%20und%20Gesundheit%20Kur-%20und%20Heilw%C3%A4lder.PDF].

67. Erickson, K. et al. (2010): Physical activity predicts gray matter volume in late adulthood: the Cardiovascular Health Study, in: Neurology, 75 (16), S. 1415–1422.

68. Europäische Wandervereinigung (2021): Leading Quality Trails: Best of Europe [https://www.yumpu.com/de/document/read/63386015/leading-quality-trails-2020].

69. Bartoschek, Benjamin (2021): Müll im Wald. Wie lange verrottet ein Papiertaschentuch? [https://www.swr.de/swr1/rp/muell-im-wald-108.html].

70. Bernau, Stefan (2019): Packen will gelernt sein – Rucksack richtig packen. So verstaust Du Dein Gepäck optimal [https://www.bergzeit.de/magazin/rucksack-richtig-packen/#gewicht-wie-viel-kilo-sind-das-maximum].

71. Lowa (2020): Fokus auf Langlebigkeit: LOWA-Neubesohlungsrekord 2019 [https://lowa.de/stories/corporate-responsibility-news/2020-csr-lowa-neubesohlungsrekord].

72. Deutscher Alpenverein (2019): Kinder im Gebirge – Wandern & Bergsteigen mit Kindern [https://www.alpenverein.de/bergsport/familie/wandern-bergsteigen-mit-kindern/wandern-mit-kindern_aid_10485.html].

73. Deutscher Alpenverein (2021): Bergferien und Hütten für Familien [https://www.alpenverein.de/Bergsport/Familie/Bergferien-Huetten-fuer-Familien/].

74. Allgemeiner Deutscher Fahrradclub (2021): ADFC-Radreiseanalyse 2021. 22. bundesweite Erhebung zum fahrradtouristischen Markt, S. 21 [https://www.adfc.de/fileadmin/user_upload/ADFC-_Radreiseanalyse_2021_-_Praesentation.pdf].

75. Bundesministerium für Verkehr und digitale Infrastruktur (2014): Radverkehr in Deutschland – Zahlen, Daten, Fakten, S. 14 [https://www.bmvi.de/SharedDocs/DE/Publikationen/K/radverkehr-in-zahlen.pdf?__blob=publicationFile].

76. Allgemeiner Deutscher Fahrradclub: ADFC-Radreiseanalyse 2021, S. 17.

77. Umweltbundesamt (2021): E-Bike und Pedelec [https://www.umweltbundesamt.de/umwelttipps-fuer-den-alltag/elektrogeraete/e-bike-pedelec#unsere-tipps].

78. Umweltbundesamt (2021): Radverkehr – Vorteile des Fahrradfahrens [https://www.umweltbundesamt.de/themen/verkehr-laerm/nachhaltige-mobilitaet/radverkehr#vorteile-des-fahrradfahrens].

79. Rad Kompass (2021): D-Route – Ostsee-Oberbayern von Rostock bis Freilassing [https://www.radkompass.de/D-Route/ostsee-oberbayern-d-route-11.html].

80. Allgemeiner Deutscher Fahrradclub: ADFC-Radreiseanalyse 2021, S. 19.

81. Allgemeiner Deutscher Fahrradclub (2021): ADFC-Radreiseanalyse 2021 [https://de.statista.com/statistik/daten/studie/182496/umfrage/meistbefahrene-radfernwege-in-deutschland/].

80. Allgemeiner Deutscher Fahrradclub (2018): ADFC-Checkliste für den Fahrradurlaub [https://www.adfc.de/fileadmin/user_upload/Auf-Tour/Radurlaub/Download/Checkliste_Fahrradurlaub.pdf].

83. Bundesamt für Straßenwesen (2019): Gurte, Kindersitze, Helme und Schutzkleidung – 2019 [https://www.bast.de/DE/Publikationen/DaFa/2020-2019/2020-02.html].

84. Statista (2012): Anteil der pünktlichen Züge im Schienenfernverkehr in den EU-Ländern im Jahr 2012 [https://de.statista.com/statistik/daten/studie/314368/umfrage/puenktlichkeit-fernverkehr-eu/].

85. Deutsche Bahn (2021): Pünktlichkeitswerte [https://www.deutschebahn.com/de/konzern/konzernprofil/zahlen_fakten/puenktlichkeitswerte-1187696].

86. Tourismusverband Sächsische Schweiz (2019): Touren entlang der Nationalparkbahn U28 [https://out.ac/dawN4].

87. Bahlser, Markus (2020): Neue Nachtzüge für Europa: Aufgewacht [https://www.sueddeutsche.de/reise/nachtzug-nachtzuege-nightjet-bahn-1.5141265].

88. Verkehrsclub Deutschland (2019): VCD Bahntest 2019/20 [https://www.vcd.org/fileadmin/user_upload/Redaktion/Themen/Bahn/VCD_Bahntest/VCD_Bahntest_2019_Preise_runter-Angebot_rauf.pdf].

89. Umweltbundesamt (2019): Emissionsdaten – Treibhausgas-Emissionen im Personenverkehr – Grafik [https://www.umweltbundesamt.de/themen/verkehr-laerm/emissionsdaten#grafik].

90. Quarks (2019): Mobilität – So sicher sind unsere Verkehrsmittel wirklich [https://www.quarks.de/technik/mobilitaet/so-sicher-sind-unsere-verkehrsmittel-wirklich/].

91. Verkehrsclub Deutschland (2019): VCD Bahntest 2019/20, S. 8.

92. dpa (2019): Welches Reisemittel ist attraktiver – Fernbus oder Bahn? [https://www.sueddeutsche.de/leben/tourismus-welches-reisemittel-ist-attraktiver-fernbus-oder-bahn-dpa.urn-newsml-dpa-com-20090101-190826-99-614477].

93. LIFE Bildung Umwelt Chancengleichheit e. V. (2020): Empfehlungen zur Hygiene beim Befüllen mitgebrachter Gefäße [https://www.esseninmehr weg.de/wp-content/uploads/2020/07/20200723_F01_Factsheet_Nutzung_Mehrweg_indiv.Gef%C3%A4%C3%9Fe.pdf].

94. Rahlenbeck, Sibylle / Utikal, Jochen / Doggett, Stephen W. (2015): Cimikose: Bettwanzen – Weltweit auf dem Vormarsch, in: Deutsches Ärzteblatt, 112 (19).

95. Statista (2019): Anzahl der geöffneten Campingplätze in Deutschland von 1992 bis 2019 [https://de.statista.com/statistik/daten/studie/259266/umfrage/geoeffnete-campingplaetze-in-deutschland/].

96. Suhr, Frauke (2020): Tourismus – Camping-Boom in Deutschland [https://de.statista.com/infografik/21580/anzahl-der-eebernachtungen-auf-deutschen-campingplaetzen/].

97. Zwingenberger, Olaf (2019): ADAC Reisemonitor Trendforschung im Reisemarkt 2019 – eine ADAC Medien und Reise GmbH Studie, S. 47 [https://bw.tourismusnetzwerk.info/wp-content/uploads/2019/03/Reisemonitor_2019_D_final.pdf].

98. co2online gemeinnützige Beratungsgesellschaft mbH (2021): Wie hoch ist der Wasserverbrauch beim Duschen? [https://www.mein-klimaschutz.de/zu-hause/a/bad/wie-hoch-ist-der-wasserverbrauch-beim-duschen/].

99. Blauer Engel (2021): Kläranlagenverträgliche Sanitärzusätze für Campingtoiletten [https://www.blauer-engel.de/de/produktwelt/alltag-wohnen/sanitaerzusaetze-fuer-campingtoiletten].

100. Statista (2021): Anzahl der europäischen Passagiere auf Kreuzfahrtschiffen in den Jahren 2018 und 2019 nach Herkunftsländern [https://de.statista.com/statistik/daten/studie/28815/umfrage/europaeische-passagiere-auf-kreuzfahrtschiffen-nach-herkunftsland/].

101. Jennings, Helen / Ulrik, Kai / Bishop, Peter (2016): Cruise tourism – what's below the surface?– Research briefing 2016 [https://www.tourismconcern.org.uk/wp-content/uploads/2016/02/Cruise-Ship-Report-high-res-pages-002.pdf].

102. Blauer Engel (2021): Umweltfreundliches Schiffsdesign [https://www.blauer-engel.de/de/produktwelt/gewerbe-kommune/schiffs-design-bis-12-2021].

103. Naturschutzbund (2020): NABU-Kreuzfahrtranking 2020: Branche nicht auf Kurs für Klimaschutz [https://www.nabu.de/presse/pressemitteilungen/index.php?popup=true&show=29622&db=presseservice].

104. Bundesministerium für Wirtschaft und Energie (2016): Die wirtschaftlichen Potenziale des Wassertourismus in Deutschland, S. 27 [https://www.bmwi.de/Redaktion/DE/Publikationen/Tourismus/potenziale-des-wassertourismus-in-deutschland.pdf?__blob=publicationFile&v=12].

105. Deutscher Kanu-Verband (2021): DKV-Kanu-Stationen – Das Kanu-Netzwerk [https://www.kanu.de/DER-DKV/Vereine/Kanu-Stationen-52087.html].

106. Arbeitskreis Charterboot (o. J.): Führerscheine – Führerscheinfrei aufs Wasser [https://www.charterboot.net/service/fuehrerscheine/].

107. Bundesamt für Gesundheit (2018): Sonne und UV-Strahlung – Sonnenschutz [https://www.bag.admin.ch/bag/de/home/gesund-leben/umwelt-und-gesundheit/strahlung-radioaktivitaet-schall/elektromagnetische-felder-emf-uv-laser-licht/sonne_uv-strahlung/sonnenschutz.html].

108. Stiftung für Zukunftsfragen (2013): Wie kinderfreundlich ist Europa? Dänemark Spitzenreiter – Deutschland Schlusslicht, in: Forschung aktuell Newsletter, 243/34 [https://www.stiftungfuerzukunftsfragen.de/fileadmin/user_upload/forschung_aktuell/PDF/Forschung-Aktuell-243-Kinderfreundlichkeit-in-Europa_01.pdf].

109. Statista (2020): Ranking der 20 besten Länder zum Großziehen von Kindern nach dem Best Countries Ranking 2020 [https://de.statista.com/statistik/daten/studie/978683/umfrage/top-20-der-kinderfreundlichsten-laender-nach-dem-best-countries-ranking/].

Vom Boulevard zum Umweltschutz

Janine Steeger

Going Green
Warum man nicht perfekt
sein muss, um das Klima
zu schützen

oekom verlag, München
176 Seiten, Klappen-
broschur, 16 Euro
ISBN: 978-3-96238-176-9
Erscheinungstermin:
04.02.2020
Auch als E-Book erhältlich

»Wenn ich es schaffe, dann schafft es jede(r)!«

Janine Steeger

Klimafreundlich reisen, abfallfrei einkaufen, bio essen, Energie sparen – wo soll ein normaler Mensch nur anfangen, wenn er nachhaltiger leben will? Vor dieser Herausforderung stand auch die RTL-Explosiv-Moderatorin Janine Steeger, als sie 2011 ihren Weg ins grüne Leben begann. Authentisch, ehrlich und mit viel Humor erzählt sie von den Hindernissen, Konflikten und wunderbaren Erlebnissen.